NTAIRE
5.926

SUCCESSION

ET RÉSERVE

DES

ENFANTS NATURELS,

Par L. A. Louis GROS,

DOCTEUR EN DROIT , AVOCAT A LA COUR ROYALE DE LYON.

A LYON.

CHEZ M. **DORIER**, LIBRAIRE DE LA COUR ROYALE,

Quai des Célestins, 51.

—

Novembre 1844.

F

SUCCESSION ET RÉSERVE

DES

ENFANTS NATURELS.

Lyon. — imp. et Lith. de Veuve Aÿné,
grande rue Mercière, 44.

En rédigeant une thèse pour le doctorat en droit, je trouvai, dans les matières que le sort m'avait attribuées, une question qui attira mon attention pardessus toute autre; une solution nouvelle se présenta à moi; je l'indiquai sommairement. Mes réflexions se sont portées ensuite fréquemment sur le même point sans détruire le résultat de la première impression; au contraire, le sujet s'est agrandi à mes yeux. Des conséquences claires et simples m'ont paru découler d'un principe unique, avec un caractère de vérité qui m'a séduit. Cependant je n'étais pas sans crainte de me tromper, en voyant que les solutions auxquelles j'arrivais n'avaient été données ni par les magistrats, ni par les auteurs qui ont examiné ces questions. Je me suis rassuré, en considérant que ces questions ne sont pas du genre de celles que résolvent si heureusement les maîtres de la science. Les bases de la discussion sont d'une nature toute spéciale. Il ne s'agit ni de faire de profondes recherches sur le droit ancien, ni de concilier des textes nombreux et obscurs, ni de prévoir les conséquences éloignées d'une doctrine à établir. Non : le droit ancien est sans im-

1844

portance ; les textes sont en petit nombre ; les résultats ne peuvent aller très-loin. Il faut choisir minutieuse- ment le point de départ d'un calcul , suivre une opé- ration dans tous ses détails, puis apprécier les nombres obtenus. Or, ceci exige non pas de la science , mais seulement du temps et une application patiente. Les jurisconsultes , dont l'opinion fait autorité , peuvent rarement avoir assez de loisir pour descendre dans toutes ces combinaisons. En outre , il est impossible de cacher que l'instrument nécessaire pour généraliser les résultats leur est souvent peu familier.

Je crois donc accomplir un devoir en soumettant mes calculs à ceux qui voudront bien les examiner et les vérifier. Je les ai déjà présentés à M. Valette, dont je m'honore d'être l'élève ; il les a jugés dignes de re- cevoir de la publicité, et il a fait insérer le corps de cette dissertation dans la *Revue de Droit français et étranger.*

SOMMAIRE.

SECTION DEUXIÈME.

De la succession des Enfants naturels en concurrence avec d'autres parents que des descendants légitimes.

18. *Concours des enfants naturels avec des ascendants, ou avec des frères et sœurs.*

19. *Si les père et mère viennent en concurrence avec des enfants naturels, les frères et sœurs sont dépouillés de tout droit.*

20. *Concours des enfants naturels avec des collatéraux des deux lignes paternelle et maternelle.*

21. *Concours des enfants naturels avec des ascendants d'une ligne et des collatéraux de l'autre.*

APPENDICE.

22. *On oppose deux objections.*

23. *Réponse à l'objection tirée de cette considération, que le système de la répartition accorde quelquefois aux enfants naturels en concours avec des enfants légitimes une part de succession plus grande que celle qu'ils peuvent avoir lorsqu'ils concourent avec des ascendants, des frères et sœurs, ou même avec de simples collatéraux.*

24. *Motifs qui empêchent d'étendre le système de la répartition au cas du concours des enfants naturels avec des ascendants, des frères et sœurs et des collatéraux.*

CHAPITRE DEUXIÈME.

De la réserve des Enfants naturels.

25. *Détermination et division de cette partie de la matière.*

SECTION PREMIÈRE.

De la Réserve des Enfants naturels concourant avec des Enfants légitimes.

26. *Principe général.*

27. *La répartition satisfait au principe général.—Première application.*

SUCCESSION ET RESERVE

DES

ENFANTS NATURELS

Par L. A. Louis GROS,

DOCTEUR EN DROIT, AVOCAT A LA COUR ROYALE DE LYON,

———————⬤⬤⬤———————

1. Les droits des enfants naturels n'ont pas été exactement déterminés par notre législation. Les rédacteurs du Code civil, établissant un système qui différait également, soit du droit ancien, soit de la loi du 12 brumaire an II, n'ont pu profiter de l'expérience des temps passés; ainsi, ils n'ont point prévu toutes les hypothèses possibles, et ils ont laissé à la jurisprudence une tâche difficile à remplir, dans la nécessité de combler les lacunes de la loi, par une extension sage et rationnelle des dispositions écrites aux cas imprévus. Quelques-unes des questions indécises peuvent être résolues par un calcul très-simple. L'objet de cette dissertation est de développer ce calcul en l'appliquant à toute la série des difficultés pour lesquelles il peut être utilement employé.

Ces questions forment deux catégories séparées: les unes se rapportent aux droits de succession des enfants naturels, les autres aux droits de réserve; ainsi, dans un premier chapitre, je m'occuperai des droits des enfants naturels sur les biens de leurs père et mère, lorsqu'ils concourent seulement avec des parents revêtus par la loi du titre d'héritiers ; dans un second chapitre, je déterminerai la partie de la succession de leurs père et mère qui ne peut leur être enlevée ni par des donations ni par des legs.

En traitant cette matière, je me renfermerai dans les questions qui tiennent à des calculs ; ainsi beaucoup de points importants seront laissés de côté.

2. Pour donner plus de clarté à toute cette dissertation et pour éviter des redites inutiles, il est nécessaire d'exposer, en commençant, le principe fondamental sur lequel je m'appuie.

On reconnaît par différentes dispositions de la loi, que *primus, secundus et tertius*, ont droit à une même succession. La part de chacun est exprimée par une fraction ; mais, malheureusement, la somme de ces fractions excède l'unité. Pour sortir d'embarras, il faut non pas raisonner subtilement sur quelques mots d'un texte qui, évidemment, n'a pas été écrit avec l'intention de donner la solution cherchée, mais plutôt se rattacher à l'esprit de la loi, en trouvant des fractions qui aient entre elles le même rapport que les fractions primitives, et qui, en outre, équivaillent à l'unité.

Pour y arriver, on réduira les différentes fractions au même dénominateur, si cette préparation est nécessaire; puis on additionnera les numérateurs, enfin on remplacera le dénominateur commun par cette somme, tout en conservant les mêmes numérateurs.

Ainsi, par exemple, *primus* a droit à $5/6$, *secundus* a $1/6$, *tertius* a $1/6$; la somme des numérateurs est 7 : *primus* aura $5/7$, *secundus* $1/7$, *tertius* $1/7$.

Ainsi, encore, *primus* a droit à une moitié, *secundus* à trois huitièmes, *tertius* à une moitié; en réduisant les fractions au même dénominateur, elles deviennent $4/8$, $3/8$, $4/8$; la somme des numérateurs est 11 : *primus* aura $4/11$, *secundus* $5/11$, *tertius* $4/11$.

Je n'ai supposé que trois personnes; s'il y en avait un plus grand nombre, le calcul serait cependant toujours le même.

J'appellerai ce procédé *répartition*; son effet est de diminuer les parts proportionnellement à chacune d'elles, et par conséquent, de conserver le rapport qu'elles avaient entre elles.

La même opération est faite, lorsqu'un testateur en léguant des quotes-parts a excédé l'unité. On en trouve des exemples au Digeste LL 47, § 1 et 81. *De hered. inst.*, et 15 pr., *De liberis et postumis.*

Plus généralement encore, le procédé indiqué ne diffère point de celui qu'enseignent les traités d'arithmétique, et que l'on pratique tous les jours en mille occasions, sous le nom de *règle de société*; seulement j'opère sur des fractions au lieu de calculer sur des sommes.

M. Blondeau est, je crois, le seul auteur qui ait appliqué ce procédé à la matière de cette dissertation; il l'a fait plusieurs fois dans son *Traité de la séparation des patrimoines*. J'examinerai ces calculs qui renferment quelques erreurs, néanmoins je dois dire que cet ouvrage m'a été fort utile; sa lecture m'a encouragé à faire ce travail.

CHAPITRE PREMIER.

DE LA SUCCESSION DES ENFANTS NATURELS.

3. Comme il ne s'agit dans tout ce chapitre que d'interpréter l'article 757 du Code civil, il est bon d'en reproduire le texte.

« Le droit de l'enfant naturel sur les biens de ses père ou mère décédés, est réglé ainsi qu'il suit :

« Si le père ou la mère a laissé des descendants légitimes, ce droit est d'un tiers de la portion héréditaire que l'enfant naturel aurait eue s'il eût été légitime; il est de la moitié lorsque les père ou mère ne laissent pas de descendants, mais bien des ascendants ou des frères ou sœurs ; il est des trois quarts lorsque les père ou mère ne laissent ni descendants ni ascendants , ni frères , ni sœurs. »

Le commentaire de cet article se divisera en deux sections ; dans la première je traiterai du concours des enfants naturels avec des enfants légitimes, et dans la seconde du concours des enfants naturels avec des ascendants , des frères ou sœurs, ou de simples collatéraux.

SECTION PREMIÈRE.

De la Sucession des Enfants naturels concourant avec des Enfants légitimes.

4. Lorsqu'il n'y a qu'un enfant naturel , le texte de l'article 757 est applicable de la manière la plus simple. Si l'enfant naturel eut été légitime, il aurait eu une part égale à celle de ses frères ; étant naturel , il aura le tiers de cette part ; les deux autres tiers seront divisés entre les enfants légitimes.

Ainsi il prend 1⁄6, 1⁄9, 1⁄12, 1⁄15, 1⁄18, suivant qu'il y a 1, 2, 3, 4, 5 enfants légitimes.

Ce raisonnement, universellement admis . a été rejeté par M. Blondeau ; *Traité de la séparation des patrimoines*, page 528, note 2 , il dit : « Quelle réduction fait éprouver à l'enfant légitime l'enfant naturel venant en concours avec lui, et quelle est la part de la succession qui appartient à ce même enfant naturel? C'est une question fort difficile ; nous ne croyons pas avoir besoin de la traiter ici, nous indiquerons simplement notre système. Il consiste à considérer la portion héréditaire comme une action sociale ; les enfants légitimes ont chacun une action totale, et les enfants naturels n'ont chacun qu'un tiers d'action : en conséquence un enfant naturel, en concours avec un seul enfant légitime, prend 1⁄4 de la succession, et l'enfant légitime 3⁄4. »

M. Blondeau annonce ensuite que cette question , ainsi que toutes les difficultés élevées sur la détermination de la part d'un successible, seront traitées par lui dans une dissertation particulière. En attendant que cette dissertation soit publiée , il est difficile de bien saisir la pensée de M. Blondeau; aussi n'essayerai-je pas de la réfuter : je me contenterai de remarquer que la lettre du Code ne peut guère se plier à cette interprétation ; la jurisprudence la repousserait toujours , en répondant qu'il n'est pas possible de substituer à la circonlocution du législateur cette phrase : l'enfant naturel aura le tiers de la part d'un enfant légitime.

5. S'il y a plusieurs enfants naturels, de véritables difficultés se rencontrent. Comment, en effet, donner à chacun d'eux ce qu'il aurait eu s'il eût été légitime? Pour déterminer leurs droits dans cette supposition, faut-il les prendre tous en même temps comme enfants légitimes, ou faut-il ne donner provisoirement cette qualité qu'à un seul? En suivant la première de ces marches on ne fait que reculer la difficulté; car, chaque enfant naturel n'aura-t-il pas des droits sur ce qui est enlevé aux autres? quels seront ces droits? Le second parti est bien simple, quand il n'y a que deux enfants naturels; mais s'il y en avait plusieurs , il faudrait faire une série de suppositions successives qui entraîneraient dans des calculs compliqués.

Pour résoudre ces difficultés, plusieurs systèmes ont été imaginés; avant de les exposer, j'indiquerai comment on peut employer le procédé de la répartition, et je corroborerai les résultats qu'il fournit par deux démonstrations différentes. Dans l'une on prend le premier des deux partis que je viens d'indiquer, et dans l'autre on prend le second; elles ont toutes deux l'avantage de se présenter comme des applications littérales du texte.

J'examinerai ensuite trois systèmes que l'on trouve dans différents auteurs, et enfin, j'en exposerai un qui est réfuté par M. Delvincourt, mais qui a été généralement mal compris.

6. On doit admettre comme un fait certain que le législateur n'a pas prévu le cas où il existerait plusieurs enfants naturels. Tout, en effet, le démontre. Le texte ne parle que de l'*enfant naturel*, au singulier; il l'oppose aux *descendants légitimes*. Les discussions du Conseil d'état et les discours des orateurs du Gouvernement et du Tribunat ne conservent pas de traces de l'examen de cette question; il est toujours parlé de l'*enfant naturel*. Enfin, l'obscurité que l'on rencontre et que les nombreux systèmes imaginés cherchent à dissiper, suffit pour démontrer que le texte est muet. L'application de la loi ne peut donc se faire que d'une manière indirecte. Afin de rendre mon raisonnement plus sensible, je prends un exemple; la généralisation sera incontestable.

Un enfant légitime se trouve en présence de deux enfants naturels. Puisque la loi n'a pas prévu ce cas, on est obligé de se rattacher à la décision qui règle l'hypothèse la plus analogue, savoir, celle d'un enfant légitime en concours avec un seul enfant naturel; l'enfant légitime prend alors cinq sixièmes de la succession et l'enfant naturel un sixième. Que donner au second enfant naturel? il a évidemment autant de droits que le premier; s'il réclame un sixième, on sent l'impossibilité de le satisfaire; car il ne peut pas prendre cette fraction uniquement sur la part de l'enfant légitime.

On est donc conduit à dire que la loi ayant fixé à cinq sixièmes la part de l'enfant légitime, et à un sixième celle de l'enfant naturel, on doit étendre cette disposition en donnant à l'unique enfant légitime une part quintuple de celle de chaque enfant naturel. En d'autres termes, on transformera les sixièmes en septièmes; l'enfant légitime en aura cinq, et chaque enfant naturel un.

Si, au lieu de deux enfants naturels, il y en a trois, quatre, cinq....., les fractions deviendront successivement des huitièmes, des neuvièmes, des dixièmes.....; l'enfant naturel en prendra toujours cinq , et il en restera une pour chaque enfant naturel.

S'il y a deux enfants légitimes , on fera le même raisonnement : un enfant naturel en concours avec eux prend un neuvième, et chaque enfant légitime prend quatre neuvièmes; pour arriver à l'application de la répartition , je considère ce rapport de quatre à un comme étant celui qui , d'après la loi , doit exister entre la part de l'un des deux enfants légitimes et celle de l'enfant naturel. On fera donc successivement des dixièmes, des onzièmes , des douzièmes..... suivant qu'il y aura deux , trois , quatre..... enfants naturels. Chaque enfant légitime prendra toujours quatre de ces parties.

Sans faire une plus longue énumération, on voit comment on pourra toujours déterminer promptement le dénominateur nécessaire, quel que soit le nombre des enfants tant légitimes que naturels : il suffira de tripler le nombre des enfants légitimes , d'y ajouter celui des enfants naturels et 2 : par exemple , s'il y a quatre enfants légitimes et quatre enfants naturels , on donnera 1/18 à chaque enfant naturel et les enfants légitimes se partageront 14/18.

7. Tout en reconnaissant que la loi est muette sur la question , on peut cependant trouver qu'une règle de calcul dérive du texte lui-même et on peut chercher à l'appliquer à l'hypothèse dont il s'agit. Il faut , pour cela, ramener l'hypothèse donnée à la supposition d'un seul enfant naturel ; ainsi on attribue provisoirement à un seul enfant naturel la qualité de légitime , les autres sont toujours considérés comme naturels ; mais , en faisant abstraction de ces derniers , on doit supposer que leurs parts sont déjà retranchées de la succession.

Ce n'est donc pas la succession entière que l'on partage entre les enfants légitimes et l'enfant naturel auquel on attribue d'une manière intérimaire la même qualité ; il faut opérer sur la succes sion diminuée de ce que prennent les autres enfants naturels. Cette idée s'est présentée à l'esprit de plusieurs personnes; elle a donné naissance au système indiqué par M. Duranton, t. VI, n° 278; mais comment la mettre à exécution? On a été arrêté par une très-petite difficulté. Pour retrancher ce que prennent les enfants naturels moins un, il faudrait connaître ce que prend un seul; or, c'est précisément la question à résoudre; on paraît donc enfermé dans un cercle vicieux. On a cru trouver le moyen d'en sortir en attribuant des parts provisoires autres que les parts définitives. C'est là, selon moi, une erreur dans laquelle on ne serait pas tombé si l'on avait consenti à faire usage des signes et des raisonnements de l'algèbre; car tout se réduit à la résolution d'une équation du premier degré à une seule inconnue. Pour cela on composera une expression représentant la succession diminuée des parts de tous les enfants naturels moins un; on fera sur cette expression le partage qui déterminerait la portion d'un seul enfant naturel en concours avec le nombre donné des enfants légitimes; et, en égalant cette portion à l'inconnue, on aura l'équation par laquelle on connaîtra la part d'un seul enfant naturel. Si l'on veut prendre la peine de faire ce calcul et d'interpréter le résultat, on sera convaincu qu'il est identiquement celui du procédé de la répartition.

8. Si, au lieu de donner provisoirement à un seul enfant naturel la qualité d'enfant légitime, on veut l'attribuer à tous en même temps, on retrouve encore les résultats de la répartition.

Lorsqu'on aura fait des parts égales pour tous les enfants tant naturels que légitimes, on retirera aux premiers les deux tiers de leurs portions. Mais que faudra-t-il faire de cette partie de la succession? Dans le système indiqué par M. Duranton, n° 277, on la donne entièrement aux enfants légitimes, et tout est fini. Ceci est tout-à-fait contraire au texte de la loi, car chaque enfant naturel pourra dire : Si j'étais légitime, je prendrais une partie de ce qui est enlevé aux autres enfants naturels; ma qualité d'enfant naturel me laisse le droit de demander le tiers de ce que j'aurais pris dans cette partie. Cette réclamation est juste; on la satisfera de la manière suivante : sur la partie de la succession enlevée aux enfants naturels, on attribuera d'abord aux enfants légitimes ce qui est soustrait à la part d'un enfant naturel : car il est bien clair que l'enfant naturel ne peut pas prendre part à ce qui lui est enlevé ; quant au reste, il doit être repartagé de nouveau comme l'a été la succession entière.

On obtiendra un second reste ; on le repartagera de nouveau suivant les mêmes règles, et ainsi indéfiniment. On croirait que le calcul ne doit jamais se terminer ; ce serait vrai si l'on voulait suivre cette marche à la lettre ; mais, en faisant ces opérations, on remarquerait bientôt que les parts, soit des enfants légitimes, soit des enfants naturels, données par les partages successifs, se forment d'après des règles constantes, et que la série des unes et des autres est une progression géométrique décroissante ; comme on a une formule très-simple pour trouver la somme de ces progressions prolongées à l'infini, on obtiendra en l'appliquant les parts tant des enfants légitimes que des enfants naturels : or le partage qui en résulterait serait encore celui du procédé de la répartition.

En s'attachant donc strictement au texte, en l'appliquant avec une rigueur qui dépasse certainement les prévisions du législateur, on retrouve les nombres obtenus par la supposition que l'hypothèse n'était pas prévue par la loi.

9. Je suivrai, pour l'exposition des systèmes déjà connus, l'ordre adopté par **M. Duranton.**

Le système indiqué n° 276, t. VI du cours de droit français a été présenté pour la première fois dans la *Thémis*, t. VII, p. 274. Cet article, dont l'auteur n'est pas désigné, étant assez court et très-clair, je le reproduis entièrement :

BIBLIOTHÈQUE NAT[le]

« Lorsqu'un enfant naturel se présente dans la succession de ses père ou mère avec des descendants légitimes, son droit est fixé par le Code civil *au tiers de la portion qu'il aurait eue s'il eût été légitime* (art. 757).

« Ainsi, selon que le défunt laissera un, deux ou trois enfants légitimes, l'enfant naturel aura le tiers d'une moitié, d'un tiers ou d'un quart, c'est-à-dire le sixième, le neuvième ou le douzième de la masse héréditaire. Ce calcul ne souffre aucune difficulté, lorsqu'il n'existe qu'un enfant naturel ; mais il peut s'en trouver plusieurs, et alors la part de chacun décroît avec une étonnante rapidité. Supposons en effet un enfant légitime et deux enfants naturels. Pour opérer ici dans le sens de l'art. 757, il semble que l'on doit chercher d'abord la part qui reviendrait aux derniers, si chacun d'eux était légitime ; dans cette hypothèse, ils auraient chacun un tiers, qui, réduit au tiers, forme un neuvième du total. Trois enfants naturels obtiendraient chacun un douzième, quatre un quinzième, et ainsi de suite, en observant que le dénominateur de la portion augmente progressivement de trois unités pour chaque enfant naturel ou légitime qui vient accroître le nombre des ayants-droits. En effet la progression est indépendante de la qualité des concurrents ; elle n'est fixée que par le nombre. Lorsqu'il y a quatre enfants, chacun de ceux qui ne seraient pas légitimes a toujours un douzième, et la portion reste la même, soit que dans le nombre on compte un, deux ou trois enfants naturels.

« Tel est le calcul communément adopté par les interprètes. *Voir Toullier et Chabot.*

« Il existe une autre manière de compter ; nous la proposons ici, sans nous prononcer sur la question.

« Le Code civil (art. 757) détermine le droit *de l'enfant naturel.* Le rédacteur suppose l'existence d'un seul enfant naturel, et la locution est d'autant plus remarquable que , dans la même phrase , on parle *des descendants légitimes* que laisse le père ou la mère de l'*enfant naturel.* On attribue à ce dernier le tiers de ce qu'il aurait eu s'il eût été légitime ; n'est-ce pas dire que trois enfants naturels prendront entre eux une part d'enfant légitime, et chacun d'eux , le tiers de cette part. Dans ce sens , trois enfants naturels concourant avec un , deux ou trois descendants légitimes , auraient une moitié , un tiers ou un quart à partager; et chacun obtiendrait un sixième , un neuvième ou un douzième; un ou deux enfants naturels n'auraient point une part entière , mais chacun en prendrait le tiers , en laissant le surplus aux héritiers. »

Le second de ces systèmes , entre lesquels les rédacteurs de la *Thémis* ne se prononcent point , est celui dont je m'occupe en ce moment ; il admet comme principe, que trois enfants naturels doivent avoir une part égale à celle d'un enfant légitime ; en conséquence, on ajoute au nombre des enfants légitimes, autant d'unités qu'il y a de fois trois enfants naturels, on divise la succession par cette somme : les enfants légitimes prennent chacun une partie , et les enfants naturels en prennent une pour trois. Ce système se confond avec celui de M. Blondeau, quand le nombre des enfants naturels est 3 ou un multiple de 3. Mais , dans les autres cas , on fait un calcul tout artificiel ; on partage la succession en faisant une part pour les *un* ou *deux* enfants naturels qui sont seuls ou qui sont ajoutés à 3 ou au multiple de 3, et ils ne prennent chacun qu'un tiers de cette part ; l'autre tiers ou les deux autres tiers sont dévolus aux enfants légitimes.

Ainsi, supposons qu'il y ait un seul enfant légitime , un seul enfant naturel prend un sixième ; s'il y en a deux, ils prennent chacun un sixième ; trois , également chacun un sixième ; quatre , chacun un neuvième ; cinq , six , toujours un neuvième chacun.

La bizarrerie de ce résultat suffirait pour faire rejeter le système ; mais de plus , il repose sur une supposition tout arbitraire : son principe s'évanouit devant un examen attentif.

Il est bon de noter que la répartition s'accorde avec ce système une fois sur trois, c'est-à-dire , lorsque le nombre des enfants naturels est 1 ou supérieur d'une unité à 3 ou à ses multiples ; mais elle en diffère dans les autres hypothèses , car , lorsqu'on fait varier le nombre des enfants naturels en conservant la même valeur pour celui des enfants légitimes , au lieu de procéder par sauts , en accordant successivement trois fois un sixième, puis trois fois un neuvième , etc ; la répartition marche par degrés continus , et attribue d'abord un sixième , puis un septième , un huitième , un neuvième....

10. Le système que M. Duranton expose en second lieu (*ibid* n° 277) est celui qui est expliqué dans la première partie de l'article de la *Thémis* ; il suppose , provisoirement , que tous les enfants naturels sont légitimes ; mais il ne leur laisse que le tiers des parts qu'ils auraient prises en cette qualité; tout le reste est attribué aux enfants légitimes.

Ce système, ayant en sa faveur la jurisprudence et la doctrine de presque tous les auteurs, mérite une réfutation approfondie.

Il est exposé aux deux reproches les plus graves que l'on puisse faire à une théorie de droit; car, en premier lieu, il viole formellement le texte de la loi , et, en second lieu , il manque de logique.

Le premier point se trouve déjà démontré au n° 8 ; après que l'on a fait des parts égales pour tous les enfants , et, lorsqu'on attribue aux enfants légitimes les deux tiers de celles des enfants naturels , chacun de ces derniers a le droit de dire que s'il eût été légitime, il aurait pris une partie de ce qui est enlevé aux autres , et qu'étant naturel , il doit avoir le tiers de cette partie. On a repoussé cette réclamation, parce qu'on a été embarrassé pour déterminer la portion qu'il aurait eue ; l'idée de faire des partages successifs paraît entraîner dans un calcul sans fin , et on l'a rejetée de prime abord ; cependant , comme je l'ai fait voir, les calculs se terminent bien vite par un procédé fréquemment employé dans les mathématiques.

En second lieu , ce système manque de logique. Pour bien comprendre les raisonnements suivants , il faut supposer qu'on a fait un partage entre un nombre déterminé d'enfants naturels et légitimes, puis, que l'on introduit un nouvel enfant ou légitime ou naturel ; le défaut de logique se fera remarquer dans la comparaison des résultats du premier partage et de ceux du second. Dans cette supposition , on accordera bien facilement deux principes : 1° si l'enfant que l'on introduit est un enfant légitime , il fera subir à tous les autres enfants une réduction plus forte que si l'on introduisait un enfant naturel ; car les réductions doivent être proportionnelles aux droits de celui qui les occasionne ; 2° le nouvel enfant que l'on suppose doit faire subir des réductions plus fortes aux parts des enfants légitimes qu'à celles des enfants naturels ; en effet , plus une part est grande , plus elle devra subir une réduction élevée: l'enfant légitime, prenant beaucoup plus que l'enfant naturel , devrait contribuer davantage à la formation de la part du nouvel enfant. Or , le système de la jurisprudence manque à ces deux principes, qui sont tout-à-fait dans la raison ; je vais le faire sentir par l'exemple le plus simple. Je suppose qu'il n'y ait qu'un seul enfant naturel et qu'un seul enfant légitime ; le premier a un sixième , le second cinq sixièmes. Introduisons un autre enfant ; il est tout-à-fait indifférent à l'enfant naturel que ce nouveau venu ait la qualité de légitime ou celle de naturel ; car, dans l'un et l'autre cas, sa portion deviendra un neuvième. En effet, on détermine les parts des enfants naturels en divisant la succession par le triple du nombre des enfants tant naturels que légitimes. Ce résultat inadmissible, est la violation du premier principe.

Le second est également violé : je prends toujours le même exemple et j'introduis un enfant naturel qui vient se joindre à l'enfant naturel et à l'enfant légitime de la supposition primitive. Ce nouvel enfant prend un neuvième : cherchons pour combien chacun des deux premiers enfants contribue à la formation de ce neuvième. L'enfant légitime prenait cinq sixièmes, il ne prend plus que sept neuvièmes : la différence entre ces deux fractions est d'un dix-huitième. D'un autre côté, le premier enfant naturel prenait un sixième ; sa portion devient un neuvième : en soustrayant cette dernière fraction de la précédente, on trouve encore une différence d'un dix-huitième. Le premier enfant naturel contribue donc autant que l'enfant légitime à former la part du second enfant naturel : et cependant l'enfant légitime avait une portion cinq fois plus forte que celle de l'enfant naturel. Cette remarque n'est pas spéciale à l'hypothèse choisie : je peux démontrer que, dans tous les cas, la part de l'enfant naturel que l'on fera intervenir sera prise également sur les portions de chaque enfant tant légitime que naturel : or, c'est là évidemment la violation du second principe.

Ce système se recommande par sa simplicité, par l'autorité de la pratique et de la doctrine ordinaire, et par la considération qu'il n'est pas exposé à une objection dont je donnerai la solution n° 23.

La simplicité de ce système n'est pas une raison décisive en sa faveur. Du reste, le système de la répartition ne lui cède en rien sur ce point; il a même l'avantage d'employer des nombres moins élevés, soit pour les numérateurs des parts des enfants légitimes, soit pour les dénominateurs.

L'autorité de la doctrine ne peut pas être seule la base d'un système. La possession, en effet, est bien moins forte en matière de principe scientifique qu'en matière de propriété ; elle ne peut jamais conduire à la prescription. La raison conserve toujours ses droits , et peut renverser ce que le défaut d'examen avait laissé établir. **Du reste** , la possession dont ce système a joui, u'a pas été une possession paisible ; elle a été troublée par les systèmes qui ont été proposés , ou plutôt par le sentiment de ses défauts : ce sentiment a été formulé de deux manières , qui malheureusement se sont trouvées défectueuses. Il me paraît certain que la formule de la répartition est celle que l'on voulait atteindre en faisant ces tâtonnements infructueux.

11. Le troisième système (indiqué par M. Duranton , tom. VI, n° 278) repose sur l'idée dont je me suis servi n° 7 pour donner la démonstration du système de la répartition ; mais ceux qui l'ont employée, pour éviter de résoudre l'équation nécessaire , empruntaient au système précédent la détermination des parts des enfants naturels moins un ; puis ils soustrayaient ces parts du total de la succession , et divisaient le reste entre les enfants légitimes et un enfant naturel. Ils arrivaient ainsi à déterminer pour l'enfant naturel une part qui était évidemment trop forte. Il est facile de comprendre que tel doit être le résultat ; en effet , on attribue d'abord aux enfants naturels des parts trop faibles (celles du système précédent) : or, quand on a soustrait ces parts du total , le reste est trop fort ; la portion de l'enfant naturel est aussi trop forte , puisqu'elle est une quote-part de ce reste.

12. Le dernier système que je vais exposer est très-subtil , il a l'avantage de présenter une application de texte qui peut paraître rigoureuse à l'excès. Voici ce qu'en dit M. Delvincourt (t. II , note 5 , sur la page 21) :

« Quand il y a plusieurs enfants naturels , l'on a élevé la question de savoir si l'on devait les supposer tous légitimes à la fois, afin de déterminer, dans ce cas, la part qu'ils auraient eue, et de leur en donner le tiers ; ou bien , si l'on devait faire la part de chacun , comme concourant avec des enfants légitimes et des enfants naturels. Ainsi, dans l'hypothèse de deux enfants naturels , Pierre et Paul , et un légitime , ayant à partager une succession de soixante-trois mille francs , doit-on les supposer tous trois légitimes, ce qui ferait pour chacun vingt-un mille francs, dont le tiers revenant à chaque enfant naturel serait de sept mille francs ? ou bien doit-on faire la part de chacun d'eux, séparément , et comme s'il était légitime , concourant avec un enfant légitime et un enfant naturel ? Ainsi , dans ce dernier système, Pierre dirait : si j'étais légitime , concourant avec un enfant légitime et un enfant naturel , il reviendrait à mon frère naturel sept mille francs : je partagerais les cinquante-six mille francs restant , avec mon frère légitime , ce qui ferait pour chacun vingt-huit-mille francs , dont je dois avoir le tiers , c'est-à-dire, neuf mille trois cent trente-trois francs. Paul ferait ensuite le même raisonnement, la part de chacun se trouverait donc augmentée de deux mille trois cent trente-trois francs , et la part du fils légitime diminuée de quatre mille six cent soixante-six. On donne pour motif de cette dernière opinion , que la part d'un cohéritier doit être plus considérable , en raison de ce que ses cohéritiers ont le droit de moins prendre; et que, par conséquent, la part de l'enfant naturel , concourant avec un naturel et un légitime , doit être plus forte que s'il concourait avec deux enfants légitimes.

» Mais, d'abord , remarquez qu'il a fallu se creuser la tête peur élever et résoudre ainsi cette question ; que, certainement, dans l'espèce proposée, le sens de l'article, qui se présente le plus naturellement à l'esprit, consiste à supposer tous les enfants légitimes à la fois, à faire leur part en conséquence, et à en donner le tiers à chaque enfant naturel. Nous devons donc présumer que telle a été également l'intention du législateur. D'ailleurs, quand il en résulterait une légère augmentation dans la part de l'enfant légitime, il est certain que, même dans le doute, la faveur de la légitimité devrait l'emporter. Enfin, il faut observer que ce système ne peut se concilier avec le surplus des dispositions de l'article 757. Prenons, en effet, la dernière hypothèse de cet article, celle de deux enfants naturels, Pierre et Paul, concourant avec des collatéraux, et établissons la part qu'ils auraient dans le système que nous combattons en ce moment.

» Pierre se présente et dit : Je dois avoir les trois quarts de ce que j'aurais, si j'étais légitime ; or, si j'étais légitime, concourant avec un frère naturel, je serais tenu de lui abandonner seulement le sixième de la succession ; j'aurais donc les cinq sixièmes restants. Comme je suis naturel, concourant avec des collatéraux, je dois avoir les trois quarts de ce que j'aurais eu si j'eusse été légitime : si j'eusse été légitime, j'aurais eu les cinq sixièmes : je dois donc avoir les trois quarts de cette quotité, ou quinze vingt-quatrièmes, cinq huitièmes. Paul vient ensuite et fait le même calcul ; et il en résulte qu'ils ont droit aux trente vingt-quatrièmes ou aux cinq quarts de la succession, c'est-à-dire à un quart de plus que la succession toute entière ; ce qui est absurde, et ce qui démontre l'impossibilité d'agir autrement qu'en les supposant tous à la fois légitimes. »

J'ai dit que ce système avait été mal compris ; en effet, les auteurs paraissent le confondre avec le système précédent ; cependant il y a une différence notable entre eux. Ils s'accordent en ce que dans l'un et dans l'autre on dit : Pour déterminer la part d'un enfant naturel, il faut supposer que lui seul a provisoirement la qualité de légitime ; les autres restent toujours naturels. Mais, dans le n° 11, on élimine les autres enfants naturels, en supposant qu'ils ont déjà pris leurs parts ; tandis que dans le système dont il s'agit, on cherche quelle serait la part de l'enfant légitime, s'il y avait un enfant légitime de plus et un enfant naturel de moins ; et, si l'on a la part de l'enfant légitime dans cette nouvelle supposition, on en donne le tiers à chaque enfant naturel.

Voici l'application de ce raisonnement à l'hypothèse choisie par M. Delvincourt : il y a un enfant légitime et deux enfants naturels ; si l'un de ces derniers eût été légitime, il faudrait partager la succession entre deux enfants légitimes et un enfant naturel ; la part d'un enfant légitime, dans cette nouvelle hypothèse, serait de $4/9$; l'enfant naturel doit en prendre le tiers, soit $4/27$.

Les deux systèmes se confondent, quand il n'y a que deux enfants naturels, quelque grand que soit le nombre des enfants légitimes. Mais si le nombre des enfants naturels est plus élevé, il faut dans le second système une série de transformations successives, pour arriver à l'hypothèse d'un seul enfant naturel, puis il faut des calculs assez longs pour revenir au point de départ ; or, cette marche diffère totalement de celle du n° 11.

Je prends pour exemple quatre enfants naturels et un enfant légitime. Si l'un de ces enfants naturels eût été légitime, il y aurait un partage entre deux enfants légitimes et trois enfants naturels ; le tiers d'une des parts des enfants légitimes est ce qui doit être attribué, en définitive, à chacun des quatre enfants naturels. Nous connaîtrions facilement ce tiers, si nous savions quel est dans cette nouvelle hypothèse la part d'un enfant naturel : nous sommes donc amenés à chercher la part d'un enfant naturel dans la nouvelle supposition. Nous dirons encore si l'un de ces enfants naturels eût été légitime, la succession se diviserait entre deux enfants naturels et trois enfants légitimes ; or, l'enfant naturel dont nous cherchons maintenant à déterminer les droits, doit avoir le tiers d'une de ces parts d'enfant légitime ; cherchons donc quelles sont ces parts. En répétant le même raisonnement encore une ois, on n'a plus qu'un enfant naturel le calcul devient facile, car s'il y a quatre enfants légitimes et un enfant naturel, ce dernier prend 1/15, il reste 14/15 pour les quatre enfants légitimes, ou 7/30 pour chacun d'eux. Le tiers de cette dernière part, soit 7/90, revient à chaque enfant naturel, s'ils sont deux en concours avec trois enfants légitimes : les deux enfants naturels prennent donc 7/45 ; il reste pour les trois enfants légitimes 38/45, ou pour chacun 38/135. S'il y a trois enfants naturels et deux enfants légitimes, chaque enfant naturel prend le tiers de 38/135, soit 38/405, pour les trois il faut 38/135 ; il reste aux enfants légitimes 97/135, pour chacun 97/270. Si enfin il y a quatre enfants naturels et un enfant légitime, chaque enfant naturel prend le tiers de 97/270, soit 97/810.

Ainsi, dans ce système, on raisonne pour descendre de degré en degré à l'hypothèse d'un seul enfant naturel, puis on remonte par des calculs jusqu'au point de départ.

13. Pour arrêter son opinion et savoir quel est celui de ces systèmes qui doit être préféré, il est nécessaire de comparer les avantages de chacun d'eux et de discuter les objections qu'on peut opposer. Mais sans nouvel examen, il peut rejeter les systèmes des n°s 9 et 11, c'est-à-dire le premier et le troisième de ceux que présente M. Duranton ; ils sont évidemment erronés.

14. Le système de la répartition repose sur la vérité, en admettant, en fait, que l'hypothèse de plusieurs enfants naturels n'est pas textuellement réglementée par l'art. 757 ; mais en outre, et cela est bien remarquable, il s'appuie aussi sur les deux idées les plus exactes que l'on ait présentées pour résoudre la question ; seulement au lieu de s'arrêter ou de prendre une voix détournée, il pousse ces idées dans leurs conséquences logiques : ainsi, le système de la jurisprudence veut que tous les enfants naturels soient supposés provisoirement légitimes, c'est aussi ce

que je fais; mais, je ne m'arrête pas à ce point; après leur avoir donné le tiers de leur part virile, j'appelle, en outre, chacun d'eux au partage de ce qui est enlevé aux autres. Par là, j'arrive à me conformer aux termes de la loi; tel est le fond de la démonstration du n. 8.

Le système indiqué sous le n° 11, n'attribue qu'à un seul enfant naturel la qualité de légitime; il suppose que les autres ont déjà pris leurs parts, le même procédé se trouve dans le n° 7. La différence des résultats dérive de ce que le système du n° 11 emprunte à celui de la jurisprudence la détermination provisoire des parts des enfants naturels que l'on écarte pour un moment, tandis que, dans le n° 7, je prends pour parts provisoires les parts définitives.

Le concours de trois démonstrations qui, partant de suppositions différentes, mais également admissibles, convergent au même résultat, lorsqu'on les conduit logiquement, me paraît être un caractère de vérité bien digne d'attention. Il est rare de trouver pour des théories de droit des bases aussi solides, et, certainement, aucun des systèmes proposés jusqu'à présent, pour la solution de la question, ne peut se présenter avec des preuves qui le rendent tout à la fois conforme et à l'esprit et à la lettre de la loi.

15. J'ai déjà indiqué le système de la jurisprudence, et j'ai répondu aux arguments sur lesquels il s'appuie; sur tous les points le système de la répartition lui est préférable.

On présente encore comme formant un argument en faveur de la jurisprudence la considération qu'elle est peu favorable aux enfants naturels. Cette raison n'est pas démonstrative; elle ne peut même avoir de la force que sur les esprits prévenus que les traditions de l'ancien droit déterminent à restreindre le plus possible les droits des enfants naturels. A la vérité, ce motif repose sur une pensée morale très-respectable; mais il ne faut pas en exagérer l'application. Le législateur s'est inspiré de cette pensée ; les règles qu'il a tracées doivent être appliquées d'une manière équitable ; et la jurisprudence s'expose à aller au-delà du but de la loi, en insistant sur la défaveur qui doit frapper les enfants naturels.

La répartition ne restreint pas les droits des enfants naturels autant que le fait la jurisprudence ; cependant elle leur est plus défavorable que tous les autres systèmes. Je crois donc qu'elle se présente sous ce point de vue de manière à être adoptée par les esprits impartiaux, qui ne veulent ni nuire aux enfants naturels, ni les favoriser, mais simplement leur accorder tout ce qui leur est dû.

16. Il ne reste donc plus d'autre système que celui que j'ai exposé dans le n° 12, et que refute M. Delvincourt. Il faut reconnaître en premier lieu que cette réfutation n'est pas très-solide : elle consiste à faire, dans le cas du concours des enfants naturels avec les collatéraux, le raisonnement qui a été fait dans le cas de leurs concours avec des enfants légitimes. Mais cette comparaison est inadmissible ; car, dans cette supposition, on ne peut donner provisoirement à l'un des enfants naturels la qualité de légitime ; les collatéraux seraient exclus ; ils doivent cependant figurer dans les calculs préparatoires comme dans les résultats définitifs.

Ce système conduit à des calculs extrêmement compliqués ; c'est un inconvénient, mais ce ne serait pas un motif pour le rejeter.

Il se présente comme une application littérale, et je reconnais qu'en effet elle serait plus stricte que celle de la démonstration du n° 8 ; mais n'est-elle pas une exagération de la lettre ? à la vérité, le législateur, quand il a pensé à un seul enfant naturel s'est dit : il lui sera fait une part comme s'il y avait un enfant légitime de plus ; mais aurait-il pu consacrer cet échafaudage de raisonnements qui comptent successivement un enfant légitime de plus et un enfant naturel de moins, puis cette série de calculs qui reviennent sur la route parcourue en raisonnant? En un mot, suivre ainsi la lettre de la loi, c'est abandonner son esprit : *Benignius leges interpretandœ sunt quo voluntas earum conservetur* (Celsus , L. 18 , ff. de legibus).

17. Le système de répartition est donc seul admissible; il souffre cependant une objection assez grave qui ne s'élève pas contre celui de la jurisprudence ; c'est que si les enfants naturels sont en assez grand nombre , ils prennent plus de la moitié de la succession , tandis que s'ils concouraient avec des ascendants ou avec des frères et sœurs, ils ne pourraient avoir que cette moitié. On trouve ce résultat choquant, parce que la loi accorde évidemment moins de droit aux enfants naturels, lorsque les héritiers sont des enfants légitimes, que lorsqu'ils sont des frères et sœurs. Je répondrai à cette objection, après avoir commenté toutes les parties de l'article 757.

SECTION DEUXIÈME.

De la Succession des Enfants naturels concourant avec d'autres parents que des descendants légitimes.

18. Si, dans les deux lignes, les héritiers sont des ascendants, il n'y a pas de difficulté : les enfants naturels prennent la moitié de la succession, et l'autre moitié est partagée suivant les règles ordinaires.

Il en est de même dans le cas où la succession se trouve dévolue aux frères et sœurs du défunt; ce qui arrive lorsqu'il n'y a point d'ascendants, ou lorsque les ascendants existants sont autres que les père et mère. Je n'examine pas la question qui s'élève, lorsqu'il n'y a que des neveux; elle a fait naître de très-nombreuses controverses ; je n'y apporterais aucune lumière nouvelle.

19. Si l'auteur de l'enfant naturel laisse ses père et mère et des frères et sœurs, il résulte des dispositions de la loi, une conséquence singulière qui n'a pas été remarquée par les interprètes, savoir que les frères et sœurs sont dépouillés de tout droit.

En effet, une moitié de la succession est prise par les enfants naturels; l'attribution qui leur en est faite est définitive; elle ne peut souffrir d'atteinte que par des donations ou des legs, ou bien encore par l'exercice de la faculté attribuée au père dans l'art. 761; d'un autre côté, les père et mère ont droit à une moitié qui leur est réservée et qu'ils doivent avoir, avant que les frères et sœurs puissent prendre la moindre partie dans la succession.

On dit ordinairement : les enfants naturels prélèvent une moitié; le reste sera considéré comme la succession entière déférée seulement aux père et mère et aux frères et sœurs : le père prendra donc un quart de cette demi-succession, soit un huitième du tout ; la mère aura une portion égale; les frères et sœurs se partageront la moitié de la demi-succession, c'est-à-dire un quart du total. Ce règlement, à mes yeux, est purement arbitraire; il viole l'art. 945. J'aime bien mieux considérer la disposition faite par la loi au profit des enfants naturels, comme un legs à titre universel de la moitié de la succession, lequel anéantit les droits des frères et sœurs. Les père et mère prennent la moitié de la succession, parce qu'elle leur est réservée par préférence aux frères et sœurs; et les enfants naturels prennent l'autre moitié parce qu'elle leur est spécialement attribuée. On ne peut pas combattre ce raisonnement en prétendant que la réserve des père et mère n'est établie, d'après les termes de l'art. 915, qu'en vue d'une atteinte causée par des legs ou des donations. Le texte parle de libéralités par acte entre vifs et par testament, parce que ce sont les moyens ordinaires de diminuer la succession ;

mais l'esprit de la loi est très-clair, en ce sens, que chaque ligne dans laquelle il se trouve des ascendants doit prélever un quart de tous les biens, soit existants, soit donnés, avant que les frères et sœurs puissent prendre la moindre partie de la succession.

J'entrevois la cause de l'erreur que je combats, dans une fausse idée que l'on s'est faite sur la nature du droit des enfants naturels : la loi ne leur accorde pas le titre d'héritiers ; ils ne sont que des successeurs irréguliers ; de là, on a conclu que leur droit est, non pas une créance (cette expression, que renfermait le projet du Code, a été supprimée dans la rédaction définitive), mais quelque chose d'analogue que l'on désignait par le nom de *délibation*. On croyait ainsi devoir prélever ce qui revient à l'enfant naturel, pour partager le reste d'après les règles des successions régulières. Les seules conséquences de la première phrase de l'art. 756, sont que l'enfant naturel n'a pas la saisine, et qu'il doit former une demande en délivrance ; mais il est impossible de rien en inférer sur la quotité de ce qu'il doit avoir. Le droit des héritiers porte, comme le sien, sur la masse entière des biens. Il est fort remarquable que cette manière de procéder tourne quelquefois au profit des enfants naturels. Ainsi, les enfants naturels trouveraient un avantage dans une disposition qui a été dictée par une pensée de défaveur contre eux ; j'en ferai voir des exemples dans les n°ˢ 51 et 55.

M. Blondeau (*Traité de la séparation des patrimoines*, page 554), veut appliquer à cette question la règle de la répartition. Voici comment il s'exprime : « Pour fixer la part du père et celle des parents légitimes ou naturels qui concourent avec lui, il faut remarquer que les père et mère étant appelés chacun pour $1|4$, les frères et sœurs pour $1|2$, et l'enfant naturel également pour $1|2$, il y a lieu de procéder, comme on le fait lorsqu'un testateur a excédé l'*as* ; le résultat de cette opération est que les père et mère ont chacun $1|6$, les frères et sœurs $1|5$ et les enfants naturels $1|5$.

Je trouve que cette idée est logique, lorsqu'on veut conserver un droit aux frères et sœurs ; mais en cela elle me paraît violer l'article 915. Les frères sont appelés à la succession il est vrai ; mais comme leur droit peut être anéanti par la volonté de l'homme, nous devons facilement admettre qu'il est détruit par la loi elle-même, lorsque nous trouvons des dispositions qui attribuent expressément toute la succession à d'autres qu'à eux.

Il faut reconnaître que celui qui laisse ses père et mère et un enfant naturel, pourrait attribuer à ses frères et sœurs la partie de la succession qui est disponible. Nous verrons au n° 56 quelle est cette partie.

Il n'est presque pas nécessaire de dire que les frères et sœurs prendront en entier la part du père ou celle de la mère, si l'un des deux est décédé.

20. Le cas où les deux lignes ne renferment que des collatéraux ne peut pas nous occuper long-temps : les enfants naturels prennent les trois quarts de la succession ; l'autre quart est partagé entre les collatéraux d'après les règles ordinaires.

21. De grandes controverses se sont élevées sur le cas où il y a des ascendants dans une ligne et des collatéraux dans l'autre.

Des auteurs considèrent les deux moitiés de la succession, attribuées à l'une et à l'autre ligne, comme formant des successions différentes et indépendantes ; sur l'une, les enfants naturels prennent la moitié, et sur l'autre, les trois quarts, en sorte qu'ils ont en tout cinq huitièmes.

D'autres auteurs leur accordent seulement une moitié de la succession ; ils donnent pour motif cette règle : *Ubi lex non distinguit, nec nos distinguere debemus.*

Je ne discute pas la question ; elle a été traitée très souvent.

Si l'ascendant qui se trouve dans l'une des lignes, est le père ou la mère, il faut avoir égard à la disposition de l'art. 754, en donnant au père ou à la mère, l'usufruit du tiers de ce que prennent les collatéraux; cet usufruit ne peut pas porter sur la part des enfants naturels.

APPENDICE.

22. Le système que j'ai admis sur toutes les questions traitées. a pour caractère distinctif la régularité de sa marche : quelles que soient les hypothèses auxquelles on l'applique successivement, presque jamais il ne donne des résultats discordants; il n'est en défaut sur ce point que de deux côtés seulement; comme ce sont les seules objections possibles, je vais essayer de les détruire.

Le premier de ces reproches indiqué n. 17, est, que la répartition donne aux enfants naturels, lorsqu'ils sont très-nombreux, et qu'ils concourent avec des enfants légitimes, une part totale de la succession plus grande que la moitié ou même que les trois quarts : ceci ne paraît pas logique, puisque les enfants naturels en concours avec des parents moins favorisés que les enfants légitimes, ne pourraient pas avoir plus de la moitié ou plus des trois quarts de la succession.

Le second reproche est de ne pas admettre la répartition , lorsque plusieurs enfants naturels concourent avec les frères et sœurs, les ascendants ou les collatéraux.

Ces deux objections ont l'une et l'autre quelque apparence de fondement, elles méritent des réfutations sérieuses. Je les réunis, parce que les réponses que je dois donner reposent sur la même idée, et se complètent les unes par les autres.

23. Les défenseurs du système de la jurisprudence font valoir surtout le premier de ces reproches; car la base la plus solide de leur théorie est l'avantage qu'elle a d'échapper à cette objection.

Avant de présenter une réponse, deux remarques sont nécessaires :

Premièrement, le système de la répartition est de tous les systèmes, autres que la jurisprudence, celui qui est le moins exposé à cette objection ; car, ainsi que je l'ai dit, il est le moins favorable aux enfants naturels ;

Secondement, les cas où le système de la répartition attribue aux enfants naturels plus de la moitié de la succession seront assez rares, et ceux où il leur fait obtenir plus des trois quarts, ne se présenteront sans doute jamais.

En effet, d'après la règle de calcul donnée à la fin du n° 6, pour que les enfants naturels aient la moitié de la succession, il faut que leur nombre soit de deux unités supérieur au triple des enfants légitimes : par exemple, s'il n'y a qu'un enfant légitime, il faut qu'il y ait cinq enfants naturels ; s'il y a deux enfants légitimes, il faut huit enfants naturels ; et ainsi de suite en comptant toujours trois enfants naturels de plus pour chaque enfant légitime que l'on ajoute.

Enfin, pour que les enfants naturels prissent les trois quarts de la succession, il faudrait tripler les nombres précédents ; ainsi ce résultat ne peut exister qu'autant que quinze, vingt-quatre, trente-trois enfants naturels sont opposés à un, deux, trois enfants légitimes.

Cette remarque formerait déjà, pour ainsi dire, une réponse complète ; une irrégularité, qui ne peut se présenter que dans des cas très-rares, ne doit pas détruire une théorie appuyée sur trois démonstrations.

Mais il y a un motif encore plus fort pour ne pas abandonner le système de la répartition à cause de cette anomalie : c'est que l'anomalie provient de la loi elle-même, et non pas du système.

La manière de déterminer les droits des enfants légitimes en concours avec des enfants naturels, est très différente de celle qui est employée pour régler les droits des frères et sœurs, des ascendants et des collatéraux. Dans le premier cas, on prend en considération le nombre des enfants légitimes; dans le second cas, la loi fait un partage invariable. Pourquoi donc s'étonner que, dans des cas très-rares, la limite fixe soit dépassée par la limite variable ?

De même qu'un nombre très-considérable d'enfants légitimes peut réduire presque à rien le droit d'un enfant naturel; de même, si les enfants naturels sont très-nombreux, ils peuvent avoir une partie considérable de la fortune de leur auteur. Ces deux résultats me paraissent liés l'un à l'autre; et, le premier étant admis, le second devient tellement logique qu'on doit le suivre dans toutes ses conséquences.

24. On peut dire encore qu'admettre la répartition lorsqu'il y a des enfants légitimes et la rejeter lorsqu'il y a d'autres parents, c'est présenter des solutions contradictoires et inconciliables; en effet, ajouterait-on, la répartition est admise lorsque les enfants naturels concourent avec des enfants légitimes, parce que la disposition de la loi n'a été écrite qu'en vue de l'hypothèse d'un seul enfant naturel; or comment croire que l'on ait eu en vue une hypothèse différente dans les autres parties de l'article 757 ? On dit encore que le premier reproche lui-même s'évanouirait, si l'on admettait la répartition lorsqu'il y a plusieurs enfants naturels en concours avec des frères et sœurs, des ascendants ou des collatéraux. Mais ce serait, selon moi, tomber dans une grave erreur, pour éviter un léger inconvénient.

On se jetterait en dehors de l'esprit de la loi, qui évidemment a voulu laisser aux parents un droit avantageux pour eux; la répartition, au contraire, arriverait souvent à leur donner une portion presque nulle de la fortune du défunt. Si, par exemple, il y avait deux enfants naturels en concours avec des frères, chacun des enfants naturels prendrait une portion égale à celle de tous les frères entre eux; la succession se partagerait par tiers; l'un de ces tiers, attribué aux frères, recevrait une subdivision. Trois, quatre, cinq... enfants naturels laisseraient aux frères, un quart, un cinquième, un sixième... cela est inadmissible. On aurait un résultat bien plus absurde encore, si les enfants naturels concouraient avec des collatéraux; il faudrait faire trois parts pour chaque enfant naturel, et une seule pour tous les collatéraux; ainsi, s'il y avait quatre enfants naturels, les collatéraux n'auraient qu'un treizième, qu'ils partageraient d'après les règles ordinaires, en faisant la division pour les deux lignes paternelle et maternelle.

Je ne veux donc pas éviter l'objection présentée; je la combats par la considération qui m'a déjà servi dans la réponse au premier reproche.

La loi, en déterminant les droits des frères, des ascendants et des collatéraux, ne prend pas et ne peut pas prendre en considération leur nombre; il est juste que par réciprocité, elle ne compte pas les enfants naturels. C'est là en quelque sorte une transaction, un forfait qui tantôt sera utile aux parents et tantôt leur sera défavorable. Il est raisonnable de procéder tout autrement quand il s'agit d'enfants légitimes partageant avec des enfants naturels; car, le nombre des enfants légitimes étant un élément essentiel du calcul, le nombre des enfants naturels doit aussi entrer en ligne de compte.

CHAPITRE DEUXIÈME.

DE LA RÉSERVE DES ENFANTS NATURELS.

25. On a discuté la question de savoir si les enfants naturels ont une réserve; j'admets l'affirmative comme démontrée, et je n'examine pas si elle doit être prise, ainsi que celle des enfants légitimes, sur les biens dont le père a disposé par donation entre-vifs comme sur ceux qui lui appartiennent au moment de son décès; je veux seulement déterminer la fraction par laquelle

elle doit s'exprimer ; les solutions que j'obtiendrai s'appliqueraient également aux différentes décisions que l'on pourrait donner à la question que je ne discute pas.

La division de ce chapitre sera celle du précédent. Je traiterai avec soin l'hypothèse du concours des enfants naturels avec les enfants légitimes ; le concours avec d'autres parents ne présentera pas de grandes difficultés.

SECTION PREMIERE.

De la Réserve des Enfants naturels en concours avec des Enfants légitimes.

26. Le texte ne fournit aucun moyen direct de déterminer la réserve des enfants naturels ; les articles 757 et 913 doivent être combinés et appliqués par analogie : tout le monde en convient ; mais de quelle manière se fera cette application ? Tel est le nœud de la difficulté.

Mon idée de répartition me paraît encore fournir ici le guide le plus sûr ; elle conduit, en effet, à un principe facilement admissible, savoir : que pour la même hypothèse, ce que prennent les enfants légitimes dans la succession doit être à ce qu'ils retiennent pour leur réserve, comme ce que prennent les enfants naturels dans la succession est à ce qu'ils doivent conserver pour leur réserve :

Ou, plus brièvement, les droits dans la réserve sont proportionnels aux droits dans la succession.

Il suffit presque d'énoncer ce principe pour le faire accueillir ; il est, en effet, évident que les parts de réserve sont des fractions du droit de succession, et que les fractions doivent conserver entre elles le rapport qui existait entre les totaux.

Cette idée est très-clairement exprimée par des auteurs

entre les mains desquels elle a pour ainsi dire glissé lorsqu'ils ont voulu en faire l'application. Je citerai notamment un passage de Chabot; on lit dans son *Commentaire sur les Successions,* n₀ 22, *sur l'article* 756 : « Il est clair que la réserve pour l'enfant naturel doit être d'une portion de son droit de succession irrégulière, comme la réserve pour l'enfant légitime est une portion de son droit héréditaire; il n'y a donc, pour déterminer la quotité de la première, d'après les règles qui servent à déterminer la quotité de la seconde, qu'à suivre la proportion qui existe entre les droits des enfants légitimes et les droits des enfants naturels. »

M. Blondeau est allé plus loin ; il a fait usage de l'idée principale ; mais une erreur de calcul est venue altérer le résultat; je reviendrai sur ce point.

27. La répartition satisfait seule au principe énoncé; pour le faire comprendre, je choisis l'hypothèse la plus simple : un enfant légitime, un enfant naturel et un légataire universel.

S'il n'y avait point de légataire universel, par application de l'article 757, on donnerait à l'enfant naturel un sixième de la succession, et cinq sixièmes à l'enfant légitime; d'un autre côté, s'il n'y avait point d'enfant naturel, d'après l'article 913, la succession se diviserait également entre l'enfant légitime et le légataire universel : j'en conclus que, lorsqu'il y a tout à la fois ces trois personnes, on conservera les mêmes rapports en attribuant à l'enfant légitime une part quintuple de celle de l'enfant naturel, mais égale à ce que prend le légataire universel. L'enfant naturel prenant une partie désignée par 1, celle de l'enfant légitime sera exprimée par 5; et la quotité disponible que prend le légataire universel, le sera aussi par 5; en somme, il faudra faire onze parties ; la succession se divisera en onzièmes.

Toutes les exigences sont je crois satisfaites par cette marche si simple; les deux textes qui contiennent la solution de la queslion sont appliqués aussi littéralement que possible : l'article 915 surtout est suivi dans son esprit comme dans sa lettre d'une manière très-exacte. Quelle est en effet la théorie de cet article ? La voici : la succession est d'abord divisée également entre le légataire universel et l'enfant légitime ; puis s'il y a un second enfant légitime on lui fait une part aux dépens de son frère et du légataire universel, en prenant également sur les portions de l'un et de l'autre : les moitiés deviennent des tiers.

Le procédé que j'emploie est semblable ; il n'y a d'autre différence que l'étendue des droits de l'enfant naturel : comme il ne peut réclamer que le cinquième de ce que prend l'enfant légitime, les moitiés se changent en cinq onzièmes.

28. D'autres applications se feront facilement : si, en admettant toujours un seul enfant légitime, on compte deux, trois enfants naturels, on n'aura qu'à faire une, deux portions de plus ; les numérateurs seront toujours cinq pour l'enfant légitime, cinq pour la quotité disponible, et un pour chaque enfant naturel ; le dénominateur sera successivement douze, treize, etc.

Il faut mettre une limite à ce calcul, car il est évident que la réserve ne peut pas excéder les trois quarts de la succession. Dès qu'on sera arrivé à ce point, il faudra s'arrêter et distribuer les trois quarts de la succession entre les enfants légitimes et les enfants naturels, d'après les règles qui régissent les droits sur la succession. Dans l'hypothèse d'un seul enfant légitime, il faut, pour atteindre cette limite, supposer dix enfants naturels.

S'il y a deux enfants légitimes et un enfant naturel, les droits sur la succession totale sont, pour chaque enfant légitime, de 4/9, et pour l'enfant naturel de 1/9 ; en faisant quatre parts de plus pour la quotité disponible, on divise la succession en treizièmes : quatre pour chaque enfant légitime, quatre pour la

quotité disponible, et un pour l'enfant naturel. On fera une part
de plus pour chaque enfant naturel, que l'on ajoutera successivement ; mais on arrivera bien vite à la limite des trois
quarts : il suffit qu'il y ait quatre enfants naturels.

Si, enfin, il y a trois enfants légitimes, la réserve est fixe ;
toute difficulté cesse.

29. Le système de la répartition que je présente pour calculer dans tous les cas la réserve des enfants naturels est en tout
semblable à celui que j'ai adopté pour déterminer les parts héréditaires, lorsqu'il y a plusieurs enfants naturels : c'est la
même pensée, la même règle de calcul. Dans l'un et l'autre cas
je dis : Nous sommes en présence d'une hypothèse non prévue
par la loi ; prenons pour bases les dispositions relatives aux
cas analogues, et combinons-les, en conservant les rapports éta-
blis par ces dispositions, entre les parts de ceux qui viennent à
la même succession.

Je crois donc que les raisonnements faits sur la succession
viennent en aide à ceux qui sont faits sur la réserve, et récipro-
quement.

30 Si quelques esprits se refusaient entièrement à admettre
la répartition, lorsqu'il s'agit de déterminer la portion héréditaire revenant à l'enfant naturel, il ne faudrait pas néanmoins
qu'ils la rejetassent dans le calcul de la réserve ; car, lorsqu'il
s'agit de partager la succession, on peut se croire gêné par un
texte ; il se peut encore que les interprétations que j'en donne
ne paraissent pas à tout le monde aussi exactes qu'elles le sont
à mes yeux ; mais quand il s'agit de déterminer la réserve,
aucune disposition ne vient entraver l'interprétation logique ; on
se trouve entièrement dans le domaine de la raison ; et comme
la répartition a pour base une idée qui frappe les esprits et se
fait adopter de prime-abord, on peut parfaitement l'employer
sans crainte de violer la loi.

Je vais en donner des exemples sur le système de la jurisprudence.

Supposons qu'il y ait deux enfants naturels et un enfant légitime ; la jurisprudence donne 7/9 de la succession à l'enfant légitime , et 1/9 à chaque enfant naturel. En divisant la succession en seizièmes , il y aura 7/16 pour la réserve de l'enfant légitime , 7/16 pour la quotité disponible , et 1/16 pour la réserve de chaque enfant naturel. La réserve se trouve ainsi fixée suivant le principe de la répartition. La marche est la même ; il suffit d'exprimer la quotité disponible par le nombre qui indique la part de l'enfant légitime : on prolongerait ainsi facilement le calcul.

S'il y a deux enfants naturels et deux enfants légitimes , chacun de ces derniers aurait , d'après le système de la jurisprudence , 5/12 de la succession entière , chaque enfant naturel aurait 1/12. La quotité disponible devant être égale à la part d'un enfant légitime, nous l'exprimons par 5 , et nous diviserons la succession en dix-septièmes : 5 pour chaque enfant légitime , 1 pour chaque enfant naturel, et 5 pour la quotité disponible.

Il est bien à remarquer qu'en suivant cette marche, quel que soit le nombre des enfants naturels que l'on puisse supposer en concours avec un ou deux enfants légitimes, jamais on n'arrivera à avoir une réserve égale aux trois quarts de la succession ; elle ne sera même jamais égale aux trois cinquièmes quand il n'y a qu'un enfant légitime.

S'il y a trois enfants légitimes ou un plus grand nombre, il n'y a plus de discussion. La réserve ne varie plus; on la partage comme la succession entière.

31. Pour calculer la réserve de l'enfant naturel, la jurisprudence a employé l'idée fausse que je me suis efforcé de réfuter dans le n° 19 ; on a considéré le droit de l'enfant naturel comme une *délibation ;* en conséquence, ce qui lui revient

a été prélevé sur toute la succession. On a donc dit dans l'hypothèse d'un enfant naturel et d'un enfant légitime : si l'enfant naturel était légitime, il aurait un tiers de la succession pour sa réserve, il n'en prendra que le tiers, c'est-à-dire un neuvième de la totalité. C'est ce qu'a décidé la Cour de cassation par un arrêt du 26 juin 1809. La Cour de Pau avait accordé, par un calcul encore moins exact, un douzième de la succession à l'enfant naturel.

Cette espèce a eu une très-grande influence sur la fixation de la jurisprudence ; il s'y trouvait une circonstance qui voilait ce que la solution a de peu conséquent. En effet, l'enfant légitime était légataire universel, il prenait donc, tout à la fois, sa réserve et la quotité disponible ; ainsi, sa réserve ne se trouvant pas mise en évidence, on n'a pas été tenté de la comparer avec sa portion héréditaire. Pour se rendre compte de l'irrégularité du calcul, il faut supposer que le légataire universel n'est pas un des réservataires ; l'enfant légitime n'aura alors que quatre neuvièmes de la succession ; or, l'enfant naturel prend un neuvième : sa part est donc égale au quart de celle de l'enfant légitime. Mais, s'il n'y avait pas de légataire universel, l'un prendrait cinq sixièmes, et l'autre un sixième ; leurs parts seraient ainsi, entre elles, dans le rapport de un à cinq. Pourquoi le rapport n'est-il pas le même dans les deux cas ? Je ne peux en apercevoir aucun motif ; le principe qu'exprime Chabot est formellement violé.

Mais on peut insister, et dire que c'est une application par analogie de l'article 913, qui, pour déterminer la quotité disponible, compte le légataire universel comme un enfant légitime de plus ; cela est vrai pour l'hypothèse donnée : la succession se trouve partagée, comme elle l'est entre deux enfants légitimes et un enfant naturel.

J'ai deux réponses à faire à cette considération. La première est assez subtile : je nie que l'esprit de l'article 913 soit de compter le légataire universel comme un enfant légitime ; cela ne peut être prouvé ; on ne peut apporter qu'une affirmation basée seulement sur deux résultats. J'aime bien mieux dire que la loi attribue au légataire universel des droits égaux à ceux de chaque enfant légitime, puis que le concours réduit les parties ; il se fait là quelque chose d'analogue à la conjonction *re tantum*, dont les Jurisconsultes disaient : *Concursu partes fiunt*. Cette idée est très-féconde ; les n⁰ˢ 27 et 28 en contiennent l'application.

La considération présentée n'est exacte que dans trois hypothèes; c'est là ma seconde réponse.

Lorsqu'il y a un enfant légitime et un ou deux enfants naturels, et quand il y a deux enfants légitimes et un enfant naturel, en un mot, lorsqu'il n'y a pas plus de trois enfants, on peut suivre deux voies pour arriver au même résultat. Je prends pour exemple le cas où il y a deux enfants légitimes et un enfant naturel. 1° On peut dire avec la jurisprudence : Si l'enfant naturel était légitime, sa réserve serait d'un quart ; il en prendra le tiers, c'est-à-dire un douzième de la succession ; les onze douzièmes restants, seront partagés également entre le légataire universel et les deux enfants légitimes; chacun aura 11/36. 2° On peut aussi supposer qu'il y a un enfant légitime de plus, et déterminer les droits héréditaires ; l'enfant naturel aura le tiers d'un quart ou un douzième; onze douzièmes seront partagés entre les enfants légitimes ; mais l'un de ces enfants n'a été introduit que pour tenir la place du légataire universel ; le partage est donc le même que celui qui précède.

Dès qu'il y a plus de deux enfants naturels concourant avec un légitime, ou plus d'un enfant naturel en concours avec deux légitimes, les deux méthodes se séparent; la jurisprudence, dans le calcul provisoire où elle suppose l'enfant naturel légitime,

fixe la quotité disponible à un quart, puis dans le calcul défi-
nitif elle trouve une fraction plus grande. La seconde méthode, au contraire, n'emploie point de détermination provisoire; aussi est-elle un peu plus favorable aux enfants naturels.

Cela ne peut pas être compris sans exemple : Je suppose deux
enfants légitimes et deux enfants naturels.

La jurisprudence dit : si les deux enfants naturels étaient légitimes, la quotité disponible serait d'un quart, la réserve de
trois quarts ; elle doit être partagée entre quatre, pour chacun
trois seizièmes. Chaque enfant naturel ne prend que le tiers de
sa part, c'est-à-dire un seizième. Il reste quatorze seizièmes,
sur lesquels les enfants légitimes prendront deux tiers pour leur
réserve ; la quotité disponible sera de l'autre tiers, qui, toute
réduction faite, équivaut à sept vingt-quatrièmes de la succession
entière.

La seconde méthode partage la succession d'abord en cinq
parties; puis, les enfants naturels ne prenant que le tiers de
leur part, chacun un quinzième, il reste treize quinzièmes à
diviser entre trois ; la quotité disponible est ainsi de treize qua-
rante-cinquièmes.

Le raisonnement que j'appelle seconde méthode n'a jamais été
présenté dans aucun ouvrage que je connaisse ; mais il est le
développement d'une idée qui peut se présenter assez facilement,
et, je dois le dire, il me paraît plus admissible que la jurisprudence. La jurisprudence en effet, suppose d'abord la quotité disponible égale à un quart; or, cette supposition est sans
utilité. Je sais bien que la quotité disponible ne doit pas descendre au-dessous du quart ; mais cette règle n'est établie que dans
l'intérêt du légataire ; elle est insignifiante lorsqu'il s'agit seulement d'une hypothèse provisoire.

Du reste ces méthodes sont défectueuses l'une et l'autre, en ce qu'elles ne sont point conformes au principe général : les parts de réserve n'ont pas entre elles le même rapport que les parts héréditaires.

S'il y a trois enfants légitimes, la quotité disponible est fixe, la réserve ne peut pas être de plus des trois quarts de la succession ; on partagera donc ces trois quarts entre tous les enfants tant légitimes que naturels, comme on aurait partagé la succession entière, on revient ainsi à l'égalité des rapports ; or, je trouve que ce retour est une inconséquence qui n'a pas de motif logique.

Il est à remarquer que la seconde méthode atteindrait la quotité disponible fixe, même dans l'hypothèse de deux enfants légitimes : il faut supposer l'existence de neuf enfants naturels.

M. Richefort (*Traité de l'état des familles légitimes et naturelles, et des successions irrégulières*, no 392 *et suiv.*) a combattu le système de prélèvement de la réserve de l'enfant naturel ; il veut au contraire prélever la quotité disponible ; mais il tombe dans une étrange conséquence : il accorde plus de la moitié de la succession pour réserve de l'enfant légitime en concours avec un enfant naturel.

Voici au reste le n₀ 392 de l'ouvrage cité :

« M. Chabot fait cette hypothèse :

« Uu homme laisse un enfant légitime, un enfant naturel reconnu et un légataire universel. Sa succession est de 48,000 f. D'après l'arrêt *Picot* (Cassation, 26 juin 1809), l'enfant naturel doit compter comme enfant légitime pour fixer la quotité disponible. Cette quotité sera donc du tiers s'élevant à 16,000 f. Reste 32,000 f. L'enfant naturel aura pour son tiers de la moitié qu'il aurait eue s'il eût été légitime 5,333 f. Jusque là tout va bien.

» Mais que deviendront les 26,667 f. restants ? M. Chabot en attribue d'abord 16,000 f. à l'enfant légitime pour sa réserve légale ; et quant aux 10,667 f. , il les partage entre ce dernier et le légataire universel.

» Il ne veut les attribuer en totalité ni à l'un ni à l'autre , parce que , dit-il , ils auraient plus d'avantage , savoir : l'enfant légitime , que si l'enfant naturel n'existait pas , et le légataire , par l'existence même de cet enfant naturel.

» Ne peut-on pas dire que M. Chabot perd de vue , dans son calcul , le motif pour lequel l'arrêt *Picot* a été rendu ? Pourquoi la Cour de cassation a-t-elle décidé que l'enfant naturel reconnu devait compter numériquement au nombre des héritiers ? n'est-ce pas pour fixer la réserve légale de l'enfant légitime ? Oui , sans doute ; mais cette réserve ne peut être fixée qu'en déter-minant la quotité disponible. Or, dans l'espèce , cette quotité ne peut excéder le tiers , s'élevant à 16,000 fr. Ce n'est donc que cette valeur de 16,000 fr. qui peut être attribuée au légataire , et tout le surplus , distraction faite des 5,353 fr. , formant la portion de l'enfant naturel , doit composer la réserve légale de l'enfant légitime , en sorte que celle de l'enfant naturel sera du neuvième. Ce qui cause l'erreur de M. Chabot, peut-on ajouter, c'est que , d'après lui , ainsi qu'il le déclare , la part de l'enfant naturel n'est qu'une *dette* , une délibation de la succession , qui doit être supportée par les légitimaires et les légataires , chacun en proportion de ce qu'il prend. Aussi commence-t-il par la déduire de la masse , tandis qu'il est aujourd'hui re-connu et jugé que le droit de l'enfant naturel est une véritable *réserve* ».

Ainsi, suivant l'auteur , la réserve de l'enfant légitime serait de cinq neuvièmes , tandis qu'elle ne serait que d'une demie s'il n'y avait point d'enfant naturel. Cette conséquence absurde démontre qu'on ne doit prélever sur la succession ni la réserve de l'enfant naturel , ni la quotité disponible ; mais que par un seul calcul on doit déterminer les droits de tous.

De tout ce qui précède on me permettra de conclure qu'il faut rejeter ces trois méthodes ; la vérité doit avoir une marche régulière et n'impliquer aucune contradiction. Ces avantages ne se rencontrent que dans la répartition.

32. M. Blondeau (*page* 592 *de l'ouvrage cité*) donne une solution de la question dans l'hypothèse d'un seul enfant légitime et d'un seul enfant naturel.

« Il faut d'abord se fixer , dit-il , sur la quotité de l'*enfant naturel* ; or, d'après ce que nous avons dit dans la note 2 de la p. 528 , cette réserve est dans l'espèce de 5/36.

» Celle de l'enfant légitime , qui eût été de 1/2 , est réduite , par la présence d'un enfant naturel , à 15/36.

» Le total des réserves est donc de 20/36.

Ce calcul n'est pas développé ; mais M. Blondeau laisse voir, par le renvoi à la note dans laquelle il fixe les parts héréditaires , qu'il regarde les droits dans la réserve comme devant être proportionnels aux droits dans la succession : il donne 15/36 à l'enfant légitime et 5/36 à l'enfant naturel ; il suit en cela son système qui consiste à donner à l'enfant naturel le tiers de la part de l'enfant légitime. Mais il reste 16/36 pour la quotité disponible. Pourquoi diffère-t-elle de la réserve de l'enfant légitime ? Comme je l'ai dit; il y a probablement une erreur de calcul. Si , au lieu de prendre 36 pour dénominateur, M. Blondeau eût pris 35 , ou plus simplement 7, le résultat eût été conforme à la théorie de la répartition.

SECTION DEUXIÈME.

De la réserve des Enfants naturels en concours avec d'autres parents que des Enfants légitimes.

33. Je déterminerai , dans cette section quelle est la réserve

des enfants naturels , suivant qu'ils concourent : 1° avec des frères et sœurs ; 2° avec les père et mère ou autres ascendants ; 3° avec les frères et sœurs et les père et mère ; 4° avec de simples collatéraux ; 5° avec des collatéraux dans une ligne et des ascendants dans l'autre.

34. Quand le père de l'enfant naturel laisse pour héritiers ses frères et sœurs , l'enfant naturel n'a droit qu'à la moitié de la succession ; mais , sur cette partie , quelle sera sa réserve ? Un legs universel enlève aux frères et sœurs tout ce que la loi leur attribuait ; il devra aussi dépouiller en partie l'enfant naturel ; pour déterminer cette partie, on doit traiter la moitié de la succession attribuée aux enfants naturels, comme le serait la succession entière dévolue aux enfants légitimes : en un mot, pour calculer leur réserve sur cette moitié, on suivra les termes de l'article 913. Si donc il n'y a qu'un enfant naturel , il prendra la moitié de cette moitié , soit le quart de la succession. S'il y a deux enfants naturels , ils prendront les deux tiers de cette moitié , c'est-à-dire un tiers de toute la succession. Si enfin il y a trois enfants naturels ou un plus grand nombre , ils prendront , entre eux tous , les trois quarts de la moitié , c'est-à-dire trois huitièmes de la totalité.

Ces résultats sont exactement ceux qu'indique M. Duranton ; il n'y a pas d'autre différence que la forme du raisonnement.

MM. Delvincourt et Chabot ont adopté une théorie différente soit sur cette question , soit sur plusieurs de celles qui suivront; leur opinion a été admise par un arrêt de la Cour royale de Toulouse , du 8 juin 1839. Suivant ces autorités , pour déterminer la réserve de l'enfant naturel , il ne faudrait tenir aucun compte de la qualité des parents qui sont exclus par le legs universel ; on aurait égard seulement à la qualité du légataire universel : ainsi, si ce légataire universel n'était pas parent, l'enfant naturel aurait la réserve d'un enfant légitime.

Je ne répèterai point les raisons que divers auteurs ont données pour réfuter cette théorie ; je ferai seulement observer que l'on pourrait tirer de la jurisprudence de Toulouse un moyen indirect de violer l'article 908 du Code civil, c'est-à-dire d'attribuer aux enfants naturels plus qu'il ne leur est accordé par ce Code, au titre *des successions.*

Supposons qu'un homme meure laissant un frère et deux ou trois enfants naturels : légalement ceux-ci n'auraient droit qu'à une moitié de la succession ; mais , si leur auteur a choisi un étranger pour son légataire universel , les enfants naturels réclameront la réserve des enfants légitimes , c'est-à-dire deux tiers ou trois quarts de la succession.

55. En supposant des ascendants dans chaque ligne, la détermination de la réserve présente un peu plus de difficulté; car, d'un côté, les ascendants ont droit à une moitié de la succession pour leur réserve (art. 915), et de l'autre, les enfants naturels peuvent faire le raisonnement du numéro précédent et réclamer suivant les hypothèses un quart, un tiers, ou trois huitièmes de la succession. En conservant toutes ces réserves on réduirait beaucoup trop la quotité disponible. Ainsi, par exemple, dans l'hypothèse de trois enfants naturels, on ne laisserait qu'un huitième pour les légataires; ce n'est pas admissible.

Un répartition conduit à une solution plus satisfaisante. Comme la successisn se divise également entre les ascendants et ceux qui ont droit à la quotité disponible, on exprimera par 1|2 la réserve des ascendants, par 1|2 aussi la quotité disponible, et par 1|4 ou 1|5 ou 5|8 la réserve des enfants naturels suivant qu'ils sont un, deux, trois ou un plus grand nombre.

S'il n'y en a qu'un on divisera la succession en cinquièmes; deux pour les ascendants, deux pour la quotité disponible, et un pour l'enfant naturel.

S'il y a deux enfants naturels, il faudra diviser la succession en

huitièmes; trois pour les ascendants, trois pour la quotité disponible et deux pour les enfants naturels.

Si enfin les enfants naturels sont trois ou un plus grand nombre, les fractions de la succession seront des onzièmes ; quatre
pour les ascendants, quatre pour la quotité disponible et trois
pour les enfants naturels.

Dans ces trois cas, pour arriver à la répartition, il faut préa-
lablement réduire les fractions au même dénominateur ; mais
ce n'est point là une difficulté ; j'en ai parlé dans le n° 2, où j'ai
même donné pour exemple le dernier calcul.

Ces résultats ne sont pas ceux que donnent les auteurs ; do-
minés par la pensée qu'il faut en premier lieu calculer la réserve
de l'enfant naturel, ils font un calcul à deux degrés ; ils com-
mencent par attribuer à l'enfant naturel sa réserve entière comme
dans le numéro précédent, puis les ascendants prennent la
moitié du reste. Je ne vois aucun motif pour décider ainsi la
question ; les ascendants réclameraient avec raison leur réserve
entière, en disant de calculer celle des enfants naturels sur l'autre moitié seulement, comme si elle était la succession entière.
Ce calcul donne un grand avantage à celui qui prend le premier
sa réserve ; car il l'établit sur le tout ; tandis que le second ne
l'établit que sur le reste. Quelle raison déterminante pourrait-
on donner pour faire marcher en première ligne l'enfant naturel plutôt que les ascendants ? Celle que l'on donne, en disant
que l'enfant naturel, n'étant pas héritier, doit prendre une *délibation* sur la succession , serait bien bizarrement appliquée
dans l'espèce ; en effet, l'enfant naturel retirerait un avantage
d'une disposition dictée par la défaveur qui s'attache à sa naissance. Il faut évidemment faire marcher de front tous ceux qui
ont droit à la succession ; la répartition est le seul moyen de réduire proportionnellement, et tout à la fois, la réserve des ascendants, celle de l'enfant naturel et la quotité disponible.

M. Blondeau a appliqué à cette hypothèse le principe de la répartition. A la suite du passage cité n° 19, passage dans lequel M. Blondeau attribue à chacun des père et mère 1/6, aux frères et sœurs 1/3, et à l'enfant naturel 1/3, il suppose que le *de cujus* a fait un héritier et il dit : « En procédant ici de la même manière que dans l'hypothèse précédente, on arrive à ces chiffres ; pour les père et mère 5/12, pour l'héritier institué 5/12, pour l'enfant naturel 1/12.

Il y a dans ce passage une erreur bien frappante ; la succession n'est pas partagée totalement ; il reste un douzième vacant.

56. Si le père des enfants naturels mourrait laissant tout à la fois son père et sa mère et des frères et sœurs, ces derniers, comme je l'ai fait voir dans le n° 19, n'auraient droit à aucune partie de la succession, car en présence de la disposition absolue de l'article 757 et de la réserve constituée par l'art. 915, il ne leur reste aucune partie de la succession.

Le calcul de la réserve sera donc entièrement le même que dans le numéro précédent; mais si l'un des père et mère est décédé, les frères et sœurs pourraient prendre un quart de la succession; or, en supposant un legs universel, ce quart devra se joindre à la quotité disponible. Les calculs du numéro précédent se reproduiront donc entièrement, quant à la détermination de la réserve des enfants naturels. La quotité disponible sera augmentée de la moitié de ce qui était réservé aux ascendants.

57. S'il n'y a que des collatéraux dans les deux lignes, les enfants naturels ont droit aux trois quarts de la succession. On fera sur cette partie le raisonnement du n.° 54; la réserve sera de la moitié des trois quarts, soit trois huitièmes, s'il n'y a qu'un enfant naturel ; des deux tiers des trois quarts, c'est-à-dire de la moitié, s'il y a deux enfants naturels; enfin, des trois quarts des trois quarts, soit neuf seizièmes, s'il y a trois enfants naturels ou un plus grand nombre.

58. S'il y a des collatéraux dans une ligne et des ascendants dans l'autre, nous nous trouvons en présence de deux systèmes pour le partage de la succession.

Je vais déterminer la réserve suivant l'un et l'autre de ces systèmes.

Le premier applique strictement l'article 757, et ne laisse qu'une moitié de la succession aux enfants naturels. En l'admettant, on se trouve dans une position tout-à-fait semblable à celle qui est exposée à la fin du n° 56, où l'enfant naturel est en concours avec le père et la mère et des frères et sœurs. Je vais exposer les calculs, afin qu'on puisse facilement les comparer à ceux que donne le second système.

La réserve est d'un quart, la quotité disponible de trois quarts ; s'il n'y a qu'un enfant naturel ; sa réserve est de la moitié de la moitié, c'est-à-dire, d'un quart. On divisera la succession en cinquièmes; un pour l'ascendant, un pour l'enfant naturel et trois pour la quotité disponible.

S'il y a deux enfants naturels, ils ont droit à deux tiers de la moitié, soit à un tiers de toute la succession; l'ascendant a toujours un quart, et la quotité disponible est des trois quarts. En réduisant les fractions au même dénominateur, un tiers devient 4|12, un quart 3|12 et trois quarts 9|12. La somme des numérateurs est 16 : on divisera la succession en seizièmes; les enfants naturels en prendront quatre, c'est-à-dire, un quart de toute la succession; il y aura trois seizièmes pour l'ascendant et neuf seizièmes pour la quotité disponible.

Si enfin il y a trois enfants naturels ou un plus grand nombre, leur réserve est des trois quarts de la moitié de la succession, c'est-à-dire de 3|8 : il faudra la réduire à 3|11 ; l'ascendant prendra 2|11, et la quotité disponible sera de 6|11.

Le second système proposé pour diviser la succession, attribue aux enfants naturels la moitié de la partie afférente à la

ligne où il y a un ascendant, et les trois quarts de la partie afférente à la ligne qui ne renferme que des collatéraux, c'est-à-
dire, en tout, 5/8 de la succession.

Je vais faire des calculs semblables à ceux qui précèdent. La
réserve de l'ascendant sera toujours avant la répartition 1/4, la
quotité disponible 5/4; la réserve des enfants naturels sera successivement de la moitié, des deux tiers et des trois quarts de
5/8.

S'il n'y avait qu'un enfant naturel, sa réserve serait de 5/16;
il faudra diviser la succession en vingt et unièmes : cinq pour
l'enfant naturel, quatre pour l'ascendant et douze pour la quotité
disponible.

S'il y a deux enfants naturels, leur réserve serait de 5/12 ; les
fractions de la succession seront des dix-septièmes : cinq pour
les enfants naturels, trois pour l'ascendant, et neuf pour la quotité disponible.

Enfin, s'il y a trois enfants naturels ou un plus grand nombre,
ils auraient droit pour leur réserve à 15/52 ; la succession devra
se diviser en quarante-septièmes : quinze pour les enfants naturels, huit pour l'ascendant et vingt-quatre pour la quotité disponible.

On peut suivre une autre marche, en s'attachant strictement
à l'idée de ce système qui regarde chaque moitié de la succession comme une succession séparée : on ne réduirait alors la
réserve des enfants naturels que quant à la partie qu'ils prennent dans la moitié dévolue à la ligne où se trouve un ascendant : on leur laisserait, au contraire, toute leur réserve sur
les trois huitièmes qu'ils prennent dans la ligne qui ne renferme que des collatéraux. Pour cela, on prendrait, d'un côté,
les calculs du n. 35 , et, d'un autre, ceux du n. 57, sans y
faire d'autre changement que de multiplier tous les nombres
par 1|2.

APPENDICE.

39. L'enfant naturel venant à défaut de parents, a droit à la totalité de la succession, aux termes de l'article 758, il se trouve donc dans la même position qu'un enfant légitime; on lui accorde également les mêmes droits pour la réserve : ainsi un enfant naturel prendra la moitié, deux prendront deux tiers, et trois ou un plus grand nombre prendront trois quarts de toute la succession.

Notes Justificatives.

Ego cur acquirere pauca
Si possum, invideor, cum lingua Catonis et Enn
Sermonem patrium ditaverit, et nova rerum
Nomina protulerit? Licuit semperque licebit
Signatum præsente nota producere nomen.
HORAT. Ars poetica.

Je me suis abstenu d'insérer des calculs algébriques dans le cours de cette dissertation; cependant certains points ne peuvent pas être démontrés sans leur secours. Je me suis décidé à laisser ainsi ma pensée incomplète, parce qu'une autre marche aurait donné à mon travail une apparence de science qu'il ne doit pas avoir. Il est encore beaucoup de personnes qui s'effraient d'un calcul algébrique; c'est, à mon sens, une habitude qu'il serait heureux de voir disparaître. L'Université la combat avec beaucoup de sagesse, en étendant l'enseignement des mathématiques; cependant quelques-uns blâment cette tendance à donner plus de force à l'étude des sciences exactes; ils demandent en particulier en quoi ces connaissances pourront être utiles à celui qui se livrera à l'étude du droit. Ils sont dans l'erreur : des questions qui sont du ressort du jurisconsulte peuvent souvent conduire à la nécessité de faire des calculs assez difficiles. Pour n'en citer qu'un exemple, un avocat ne peut-il pas être consulté sur un de ces contrats aléatoires si fréquents, qui reposent sur des probabilités de vie? ne faudra-t-il point qu'il puisse trouver, au moyen d'une table de mortalité, l'espérance que peut avoir la tête sur laquelle repose l'opération? sans cela, ses souvenirs de droit romain le porteraient peut-être à croire que la loi 68 *ff. ad legem Falcidiam* contient le dernier mot de la science sur cette question. Ne faudra-t-il pas aussi qu'il sache ouvrir une table de logarithmes, pour faire un calcul d'intérêts composés, calcul toujours nécessaire dans ces sortes d'opérations?

Mais on doit aller plus loin; on doit regretter que l'usage des formules algébriques ne soit pas assez commun, pour que le législateur puisse se permettre de les employer: la loi gagnerait en brièveté et en régularité. Ainsi, depuis la loi *Furia Caninia* jusqu'à nos jours on a rencontré des circonstances dans lesquelles il fallait faire dépendre la grandeur d'un nombre de celle d'un autre nombre : on a pris pour loi de relation cette idée que , *le nombre indépendant augmentant, le nombre à déterminer augmentera en même temps, mais l'accroissement qu'il recevra sera d'autant plus lent que ce dernier nombre sera plus grand.* Or, en analysant cette idée, on trouve qu'elle est représentée par l'équation d'une parabole ordinaire. Les législateurs au lieu d'employer des formules , ont fait des déterminations qui ont souvent quelque chose de choquant.

Les exemples sont très-nombreux ; je choisis celui que présente l'article 2 de l'ordonnance du 27 août 1830, parce que son application préoccupe le barreau auquel j'ai l'honneur d'appartenir. Suivant cet article , les conseils de discipline sont composés de cinq membres dans les barreaux où le nombre des avocats est inférieur à 30 ; de 7 , si ce nombre est de 50 à 49 ; de 9 , si ce nombre est de 50 à 99 ; de 15 , s'il est de 100 ou au-dessus , de 21 à Paris : c'est au moins ce qui résulte de la combinaison de cet article avec l'article 20 du décret du 14 décembre 1810. Depuis 1830, le conseil de discipline de l'ordre des avocats à la cour royale de Lyon, a été composé de 9 membres ; 97 avocats ont été appelés à prendre part aux élections de 1844, il est probable qu'en 1845, le nombre des avocats inscrits étant de plus de 100 , il faudra nommer un conseil de discipline de 15 membres ; or, personne ne nie qu'un changement aussi brusque n'ait des inconvénients. Il aurait été à désirer qu'il y eût une gradation plus lente : on l'aurait obtenue en employant une formule bien simple ; ainsi, si on exprime par x le nombre des avocats inscrits, et par y le nombre des membres du conseil, on pourrait prendre la relation $y^2 = x$: ce qui signifie que le nombre des membres du conseil serait exprimé par la racine carrée de celui des avocats inscrits.

Si l'on voulait que le nombre des membres du conseil fut toujours impair (c'est ce que l'on rencontre dans l'ordonnance), on obtiendrait la détermination suivante : dans un barreau de 4 à 15 avocats, il y aurait trois membres du conseil; de 16 à 55, cinq ; de 56 à 63, sept; de 64 à 99, neuf; de 100 à 143, onze; de 144 à 195, treize ; de 196 à 255, quinze; de 256 à 323, dix-sept.

Il résulterait de ce règlement que des changements trop brusques dans la composition du conseil de discipline ne pourraient jamais avoir lieu : les augmentations ne surviendraient dans le conseil que par suite d'augmentations de plus en plus grandes dans le tableau. L'expression $y^2 = x$ donnerait en moyenne des nombres moins forts que ceux du texte cité; on les représenterait mieux par cette formule $y^2 = 1,2x$; voici les nombres qu'elle donnerait, en supposant toujours qu'on ne voulût admettre que les nombres impairs : dans un barreau de 4 à 15 avocats il y aurait trois membres du conseil ; de 11 à 29, cinq ; de 30 à 53, sept; de 54 à 83, neuf; de 84 à 119, onze ; de 120 à 163, treize; de 164 à 213 , quinze; de 214 à 269, dix-sept.

Cet exemple n'est pas un de ceux où l'emploi d'une expression algébrique aurait le plus d'utilité. Les changements sont assez peu nombreux ; il est en outre facile de régler une détermination dont les degrés soient mieux ménagés que ceux de l'ordonnance.

Mais on peut rencontrer d'autres circonstances où une équation serait beaucoup plus utile : je prends pour exemple le cautionnement des notaires dont la résidence est une ville où siége une Cour royale.

D'après la loi du 28 avril 1816 , le cautionnement est fixé en raison de la population de la résidence ; il ne peut être inférieur à 4,000 fr. , somme exigée des notaires dont la résidence a une population de 5000 habitants et au-dessous. En partant de ce terme de 4,000 fr. on fait augmenter le cautionnement par des différences de 500 fr. jusqu'à 20,000 ; fr. à ces sommes correspondent les populations de plus de 5000 habitants : on les fait croître d'abord par des différences de 1000 habitants, puis de 2000, de 4000, de 5000, de 10000 jusqu'à 100000. Au delà de ce terme il n'y a plus de gradation : le cautionnement s'élève brusquement de 20,000 fr. à 25,000 fr. et reste fixe. Paris seul fait exception ; on y exige toujours 50,000 fr., sans avoir égard aux augmentations ou aux diminutions de population.

Il n'est pas possible de dire que ce règlement soit bien logique, que toutes ses parties soient exactement liées entre elles ; mais, évidemment on voit que la pensée dirigeante est celle que j'ai signalée, savoir que le cautionnement augmente en même temps que la population, mais que les accroissements vont en diminuant. Cette idée est beaucoup mieux représentée par une équation que par le tableau de la loi ; en effet, si l'on exprime par x le nombre des habitants d'une ville, par y le cautionnement d'un notaire, on pourrait prendre la relation $y^2 = 4000\,x$ ou $y^2 = 4200\,x$. La première de ces formules donne des nombres un peu moins élevés que ceux de la loi, les résultats de la seconde s'en éloigneraient moins.

Il serait facile de développer ces formules en tableaux ; car si l'on prend pour point de départ le cautionnement, en le faisant varier par des degrés égaux, les valeurs correspondantes de la population présenteraient des différences secondes constantes. A l'aide de cette remarque, et après avoir déterminé par le calcul direct trois nombres consécutifs, on pourra étendre indéfiniment le tableau par de simples additions.

Quelle que soit la valeur de ces idées, on ne pourra pas trouver étrange que je place en dehors de cette dissertation les calculs qui l'appuient.

Je suivrai l'ordre des numéros de la dissertation.

<h3 style="text-align:center">N° 4.</h3>

Dans ce numéro, comme dans tous les autres, les lettres l et n représenteront respectivement les nombres d'enfants légitimes et naturels.

Pour exprimer la part d'un enfant naturel en concours avec les enfants légitimes, on remarquera que l'on divise d'abord la succession en $l + 1$ parties ; l'enfant naturel ne prenant que le tiers d'une de ces parties , il lui revient $\dfrac{1}{3(l + 1)}$; les enfants légitimes ont entre eux tous $\dfrac{3l + 2}{3(l + 1)}$

Telles sont les formules du système ordinaire : celui de M. Blondeau en fournit de plus simples encore.

Les enfants naturels ayant toujours le tiers de la part d'un enfant légitime , il suffit de tripler le nombre des enfants légitimes et d'y ajouter celui des enfants naturels pour connaître le nombre des parts que l'on doit faire.

L'enfant naturel prend $\dfrac{1}{3l+1}$ et les enfants légitimes $\dfrac{3l}{3l+1}$.

Il est évident pour moi que M. Blondeau a imaginé son système en vue de la difficulté qui surgit quand il a plusieurs enfants naturels ; si l'on admet son point de départ , la difficulté s'évanouit ; on compte une part de plus pour chaque enfant naturel ; ce que prennent les enfants naturels est exprimé par $\dfrac{n}{3l+n}$ et la somme des parts des enfants légitimes par $\dfrac{3l}{3l+n}$.

N° 6.

La répartition donne lieu à des formules fort analogues à celles du système de M. Blondeau.

Le nombre des parties est égal au triple des enfants légimes , plus celui des enfants naturels , plus deux , c'est-à-dire $3l+n+2$.

n enfants naturels prennent $\left. \begin{array}{c} \dfrac{n}{3l + n + 2} \\ \dfrac{3l+2}{3l +n+ 2} \end{array} \right\} \text{A}$

Il reste pour les enfants légitimes

Ces deux systèmes ne diffèrent donc entre eux qu'en ce que le second fait deux portions de plus que le premier, portions attribuées aux enfants légitimes.

Une grande analogie dans les résultats lie ces systèmes l'un à l'autre ; leur marche est identique ; il n'y a de différence que dans le point de départ. M. Blondeau en prend un qui me paraît arbitraire ; je prends au contraire celui qui est admis par tout le monde ; en effet, si dans les formules A on fait $n=1$, on retrouve celles qui répondent à la jurisprudence établie sur le cas d'un seul enfant naturel.

N° 7.

La marche du raisonnement contenu dans ce numéro nous conduit à exprimer d'abord la part d'un enfant naturel par x ; tous les enfants naturels moins un prendront la quantité $(n-1)x$. Le reste de la succession qui doit être partagé entre les enfants légitimes et un enfant naturel, sera donc $1-(n-1)x$. En appliquant la formule du n° 4 qui donne la part de l'enfant naturel qui se trouve seul, on a

$$x = \frac{1-(n-1)\,x}{3l+3},$$

d'où
$$(3l+3)x = 1-(n-1)x$$

et
$$x = \frac{1}{3l+3+(n-1)} = \frac{1}{3l+n+2}$$

n enfants naturels prendront
$$\frac{n}{3l+n+2}$$

Il restera aux enfants légitimes
$$\frac{3l+2}{3l+n+2}$$

ce sont les formules A.

N° 8.

On fait d'abord un premier partage par tête, les enfants légitimes gardent toute leur part, les enfants naturels n'en prennent que le tiers.

Les enfants légitimes ont donc $\dfrac{l}{l+n}$

Les enfants naturels $\dfrac{n}{3(l+n)}$

Il reste $\dfrac{2n}{3(l+n)}$

Il faut retrancher la $n^{\text{ième}}$ partie de ce reste pour l'attribuer aux enfants légitimes, soit $\dfrac{2}{3(l+n)}$

En somme, les enfants légitimes ont jusqu'à présent $\dfrac{3l+2}{3(l+n)}$

Et le nouveau reste est $\dfrac{2(n-1)}{3(l+n)}=q$

Le second partage donne $\dfrac{lq}{l+n}\quad\dfrac{nq}{3(l+n)}\quad\dfrac{2nq}{3(l+n)}$

Retranchant de ce troisième reste sa $n^{\text{ième}}$ partie pour l'ajouter à ce que prennent les enfants légitimes, on a pour ce qu'ils prennent dans l'opération totale faite sur q $\dfrac{(3l+2)q}{3(l+n)}$

Le reste est réduit à $\dfrac{2(n-1)q}{3(l+n)}=q^2$

Il faudrait encore partager q^2 de la même manière, mais on voit de suite que l'on obtient des progressions géométriques qui ont pour raison $\dfrac{2(n-1)}{5(l+n)} = q$; or cette quantité est essentiellement une fraction. Ces progressions sont donc décroissantes, et, en les supposant prolongées à l'infini, on en trouvera la somme par la formule connue $S = \dfrac{a}{1-q}$, a désignant le premier terme de la progression. Pour ce qui revient aux enfants légitimes, le premier terme de la progression est $\dfrac{3l+2}{5(l+n)}$. D'un autre côté

$$1-q = 1 - \frac{2(n-1)}{5(l+n)} = \frac{5(l+n)-2(n-1)}{5(l+n)} = \frac{5l+n+2}{5(l+n)}.$$

On aura donc

$$S = \frac{3l+2}{5(l+n)} : \frac{5l+n+2}{5(l+n)} = \frac{3l+2}{5l+n+2}.$$

Pour les enfants naturels, le premier terme étant $\dfrac{n}{5(l+n)}$, on obtient

$$S = \frac{n}{5l+n+2}.$$

Ainsi cette voie, quoique compliquée, nous ramène aux formules **A**.

N° 10.

Le système de la jurisprudence est représenté par les formules $\dfrac{5l+2n}{5(l+n)}$ et $\dfrac{n}{5(l+n)}$: la première indique ce que prennent tous les enfants légitimes, et la seconde la somme des parts des enfants naturels.

J'annonce dans ce numéro que si, après avoir partagé la succession suivant ce système, pour une hypothèse donnée d'enfants tant légitimes que naturels, on introduit un nouvel enfant naturel, sa portion sera prélevée également sur la part de chacun des autres enfants, quelle que soit leur qualité ; en sorte qu'un enfant naturel, dont la portion est beaucoup plus faible que celle d'un enfant légitime, contribuera cependant autant que ce dernier.

Voici comment je le prouve :

S'il y a n enfants naturels, chacun prend
$$\frac{1}{3(l+n)}$$

S'il y en a $n+1$, chacun prend
$$\frac{1}{3(l+n+1)}.$$

Quant aux enfants légitimes, dans la première hypothèse ils prennent entre eux tous $\dfrac{3l+2n}{3(l+n)}$. Pour avoir ce que prend un seul, il faut diviser cette expression par l, on a
$$\frac{3l+2n}{3l(l+n)}.$$

De même s'il y a $n+1$ enfants naturels, chaque enfant légitime aura
$$\frac{3l+2n+2}{3l(l+n+1)},$$

La différence entre les parts de l'enfant naturel dans les deux hypothèses est
$$\frac{1}{3(l+n)} \quad \frac{1}{3(l+n+1)},$$

et la différence entre les parts d'un enfant légitime est
$$\frac{3l+2n}{3l(l+n)} \quad \frac{3l+2n+2}{3l(l+n+1)}.$$

Egalons ces deux différences, nous verrons bientôt qu'elles sont identiques

$$\frac{1}{3(l+n)} - \frac{1}{3(l+n+1)} = \frac{3l+2n}{3l(l+n)} - \frac{3l+2n+2}{3l(l+n+1)}.$$

Si nous multiplions toute l'égalité par l, cette lettre deviendra le numérateur des termes du premier membre, et dans les termes du second membre elle cessera de multiplier les dénominateurs.

Nous aurons

$$\frac{l}{3(l+n)} - \frac{l}{3(l+n+1)} = \frac{3l+2n}{3(l+n)} - \frac{3l+2n+2}{3(l+n+1)}.$$

En mettant dans un même membre les termes qui ont le même dénominateur et faisant les réductions qui se présentent, il vient

$$\frac{2l+2n}{3(l+n)} = \frac{2l+2n+2}{3(l+n+1)}$$

Le facteur $l+n$ entre dans le numérateur et le dénominateur du premier terme. De même le facteur $l+n+1$ se trouve haut et bas dans le second membre ; en les faisant disparaître l'un et l'autre il reste l'identité $\dfrac{2}{3} = \dfrac{2}{3}$.

Ce qui démontre la proposition énoncée.

N° 12.

Il est assez difficile de représenter par une formule générale les parts des enfants légitimes ou naturels que détermine ce système. Dans les calculs que j'ai faits, j'ai remarqué que la voie la plus courte est celle que tracent les raisonnements eux-mêmes. Ainsi le nombre des enfants légitimes étant l et celui des enfants naturels n, je détermine la part d'un enfant naturel seul

67

en concours avec $l + n - 1$ enfants légitimes, puis je passe successivement aux hypothèses où il y a un enfant légitime de moins et un enfant naturel de plus jusqu'à ce que je sois arrivé à l'hypothèse donnée l et n. Pour faire ces calculs je n'emploie pas d'autres formules que celle-ci $\dfrac{b - na}{3lb}$; elle donne la part d'un enfant naturel pour l'hypothèse de $l-1$ et $n+1$ en supposant que $\dfrac{a}{b}$ soit la part d'un seul enfant naturel dans la supposition de l et n.

Voici un échantillon du tableau que l'on pourrait construire, si l'on voulait employer ce système et se dispenser de refaire pour chaque espèce de nouveaux calculs.

ENFANTS LÉGITIMES.

ENFANTS NATURELS	1	2	3	4	5	6	7	8
1	$\frac{1}{6}$	$\frac{1}{9}$	$\frac{1}{12}$	$\frac{1}{15}$	$\frac{1}{18}$	$\frac{1}{21}$	$\frac{1}{24}$	$\frac{1}{27}$
2	$\frac{4}{27}$	$\frac{11}{108}$	$\frac{7}{90}$	$\frac{17}{270}$	$\frac{10}{189}$	$\frac{23}{504}$	$\frac{13}{324}$	
3	$\frac{43}{324}$	$\frac{38}{405}$	$\frac{59}{810}$	$\frac{169}{2835}$	$\frac{229}{4536}$	$\frac{149}{3402}$		
4	$\frac{97}{810}$	$\frac{211}{2430}$	$\frac{194}{2835}$	$\frac{1283}{22680}$	$\frac{985}{20412}$			
5	$\frac{793}{7290}$	$\frac{2059}{25515}$	$\frac{4387}{68040}$	$\frac{4118}{76545}$				
6	$\frac{3044}{30618}$	$\frac{9221}{122472}$	$\frac{11191}{183708}$					
7	$\frac{11191}{122472}$	$\frac{19427}{275562}$						
8	$\frac{19939}{236196}$							

Pour chaque hypothèse, le nombre des enfants légitimes est indiqué dans la ligne supérieure horizontale, et celui des enfants naturels dans la ligne verticale à gauche, et la case correspondant à deux nombres renferme la fraction qui exprime la part d'un seul enfant naturel.

Par exemple, s'il y a trois enfants légitimes et cinq enfants naturels, on voit que la case qui se trouve en face de ces deux nombres d'enfants contient la fraction $\dfrac{4387}{68040}$; c'est la part d'un seul enfant naturel. Les cinq prendront entre eux tous $\dfrac{4387}{13608}$; il restera pour les trois enfants légitimes $\dfrac{9221}{13608}$, soit pour chacun $\dfrac{9221}{40824}$.

Dans la même hypothèse, la répartition donnerait $\dfrac{1}{16}$ à chaque enfant naturel, il resterait pour les trois enfants légitimes $\dfrac{11}{16}$ ce qui fait pour chacun $\dfrac{11}{48}$.

En comparant ces fractions aux précédentes, on trouvera que la répartition favorise moins les enfants naturels que le système dont il s'agit.

BIBLIOTHÈQUE ROYALE

www.ingramcontent.com/pod-product-compliance
Lightning Source LLC
LaVergne TN
LVHW022322170726
843503LV00006B/2648